Mensa Kids Train Your Brain Puzzle Book Level 3
by MENSA LTD
Text and puzzle content copyright © British Mensa Limited 1994 & 1997 & 2010
Design and artwork copyright © Carlton Books Limited 1994 & 1997 & 2010 & 2014
All rights reserved.
Korean Translation Copyright © 2017 BONUS Publishing Co.
Korean translation rights are arranged with Carlton Books Limited through AMO Agency.

이 책의 한국어판 저작권은 AMO 에이전시를 통한 저작권자와의 독점 계약으로 보누스출판사에 있습니다.
저작권법에 의해 보호를 받는 저작물이므로 무단전재와 무단복제를 금합니다.

MENSA
멘사 수학 놀이

3

수학 점수가 올라가요

멘사코리아 감수 | H. 게일·C. 스키트·R. 앨런 지음

바이킹

학부모님께

아이의 천재성을
깨워 주세요

바이킹에서 발간하는 책들을 사무실 책꽂이에 꽂아 두면 방문객들과 아이들이 호기심을 가지고 책을 읽거나 빌려 달라고 합니다. 성인들은 대부분 몇 장 읽어 보다가 머리를 흔드는 반면, 아이들은 금방 재미에 빠져 퍼즐과 씨름을 합니다. 그러다 아예 책을 사서 며칠씩 퍼즐 세계에 빠져들어 즐기는 아이들을 자주 발견하곤 합니다. 당장 어떤 이익이 있는 것도 아니고, 대단한 지식을 얻게 되는 것이 아닌데도 쉽게 열중합니다. 문제를 해결하는 즐거움을 사랑하는 아이들입니다. 그런 아이들은 멘사 회원이 될 가능성이 높습니다.

놀이와 학습의 차이는 무엇일까요? 놀이에는 어떤 목적이 따로 있지 않습니다. 해도 되고 안 해도 되지만, 재미가 있으면 할 이유가 충분한 것이 놀이입니다. 아이들은 재미있게 머리를 쓸 때, 가장 많은 것을 배울 수 있습니다. 만화책이나 그림책을 보면서 배운 것은 시험지를 붙들고 순위 경쟁에 집중하면서 외운 것보다 각인 효과가 훨씬 더 큽니다. 재미로 눈이 반짝이는 아이의 두뇌는 여러 가지 상황을 종합적으로 인지하며 아주 세세한 부분까지도 별다른 노력 없이 암기할 수 있는 상태가 됩니다. 반면 인상을 쓰

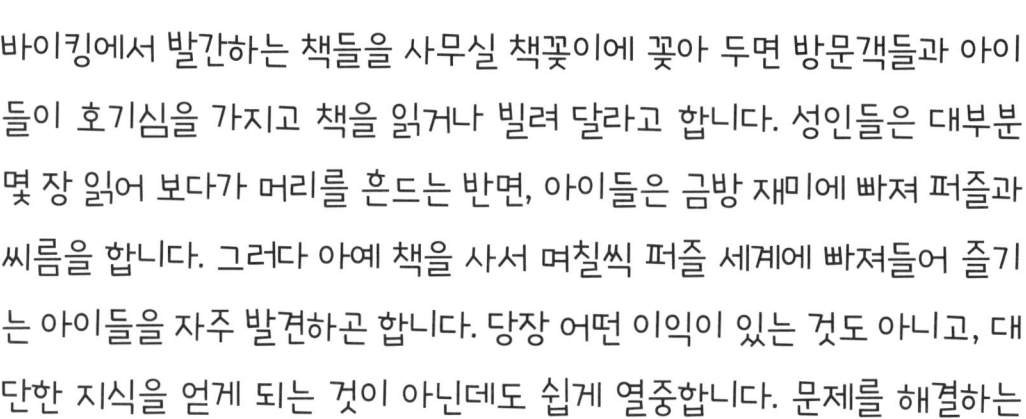

며 과제를 해 나가는 아이들은 과제가 끝남과 동시에 공부한 내용으로부터 도망치기라도 하듯 빨리 잊어버리고 멀어지려고 합니다.

이 책에 담긴 퍼즐들은 시험 문제가 아닙니다. 반드시 풀어내야만 하는 숙제도 아닙니다. 가볍게 풀어 보고, 잘 안 되면 해답을 읽어 보아도 됩니다. 어떤 문제는 쉽게 풀리지만 어떤 문제는 잘 안 풀립니다. 읽다가 시시해지면 덮어 둘 수도 있고, 시간이 나고 심심할 때 다시 펼쳐 보아도 무방합니다. 믿기 어렵겠지만 수수께끼 같은 문제를 재치 있게 해결할 수 있는 재능이 누구에게나 있습니다. 또한 누구나 스스로 비슷한 문제를 만들어 볼 수 있고, 책에 있는 문제를 새롭게 구성할 수도 있습니다. 이런 놀이를 같이 즐길 친구가 필요하다면 멘사에 가입하기를 권합니다.

지형범
영재교육전문가
멘사코리아 전(前) 회장

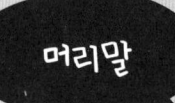

멘사 퍼즐로
수학이 재밌어져요

〈멘사 수학 놀이〉는 수학을 어려워하거나 싫어하는 아이들이 수학을 조금이라도 더 쉽고 재미있게 공부할 수 있도록 도와주는 퍼즐 책이에요. 도형 퍼즐로 공간 감각을, 숫자 퍼즐로 비교하고 어림하는 감각을 기를 수 있습니다. 퍼즐의 핵심인 규칙 찾기 퍼즐로 추론 능력과 문제 해결능력도 키울 수 있어요.

문제마다 난이도를 별 한 개부터 다섯 개로 표시했습니다. 별 한 개짜리 문제부터 풀면서 자신감을 키워 별 다섯 개짜리 퍼즐에 도전해 보세요. 퍼즐을 해결하는 것보다 중요한 것은 수학에 대한 흥미를 잃지 않는 거예요. 어려운 퍼즐은 우리의 친구 '브레인'이 힌트를 줄 테니 걱정하지 마세요. '브레인'의 힌트로 재미있게 퍼즐을 풀다 보면 어느새 수학에 재미도 생기고, 두뇌 계발도 할 수 있습니다.

차례

학부모님께
아이의 천재성을 깨워 주세요 …4

머리말
멘사 퍼즐로 수학이 재밌어져요 …6

멘사란 무엇이죠? …8

문제 …9

해답 …99

안녕? 난 '브레인'이야.
지금부터 두뇌 훈련을
시작해 볼까?

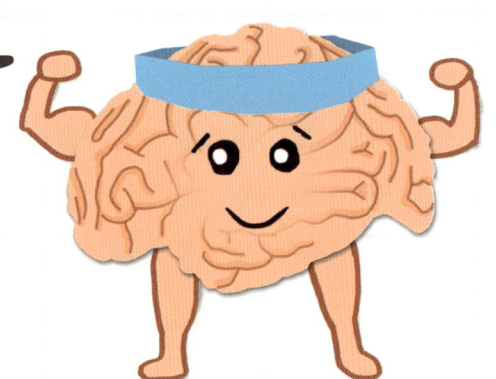

※퍼즐마다 쪽 번호 위에 작은 원이 있습니다.
퍼즐을 해결했다면 V 표시를 해 두세요.
※퍼즐은 여러 가지 방법으로 풀 수 있으므로
해답 풀이 과정과 다른 풀이 방법이 있을 수 있습니다.

멘사란 무엇이죠?

이제 여러분은 재미있는 퍼즐을 만날 거예요. 퍼즐 푸는 것을 좋아한다면 멘사도 좋아할 거예요. 멘사란 IQ가 148 이상인 사람이 가입할 수 있는 천재들의 모임이에요. 머리 쓰기를 좋아하는 사람들이 모인 단체이죠. IQ가 전체 인구의 상위 2%에 해당하는 사람은 누구든 멘사 회원이 될 수 있답니다. 멘사는 1946년 영국에서 만들어졌고, 현재는 전 세계적으로 100여 개 나라에 13만여 명이 넘는 회원이 있어요. 1998년에 문을 연 한국의 멘사는 '멘사코리아'라는 이름으로 2천 명이 넘는 회원들이 있답니다.

멘사가 더 궁금하다면 아래 홈페이지를 방문해 보세요.
멘사 가입 절차를 자세히 알 수 있어요.

홈페이지 : www.mensakorea.org

PUZZLE 1

왼쪽 맨 아래에 적힌 8부터 출발해서 오른쪽 맨 위에 적힌 7까지 갈 거예요.
7에 도착했을 때 출발점 8과 도착점 7을 포함해서 지나온 숫자
아홉 개를 더해 보세요. 단, 오른쪽이나 위쪽으로만 움직일 수 있어요.
나올 수 있는 가장 작은 숫자는 무엇일까요?

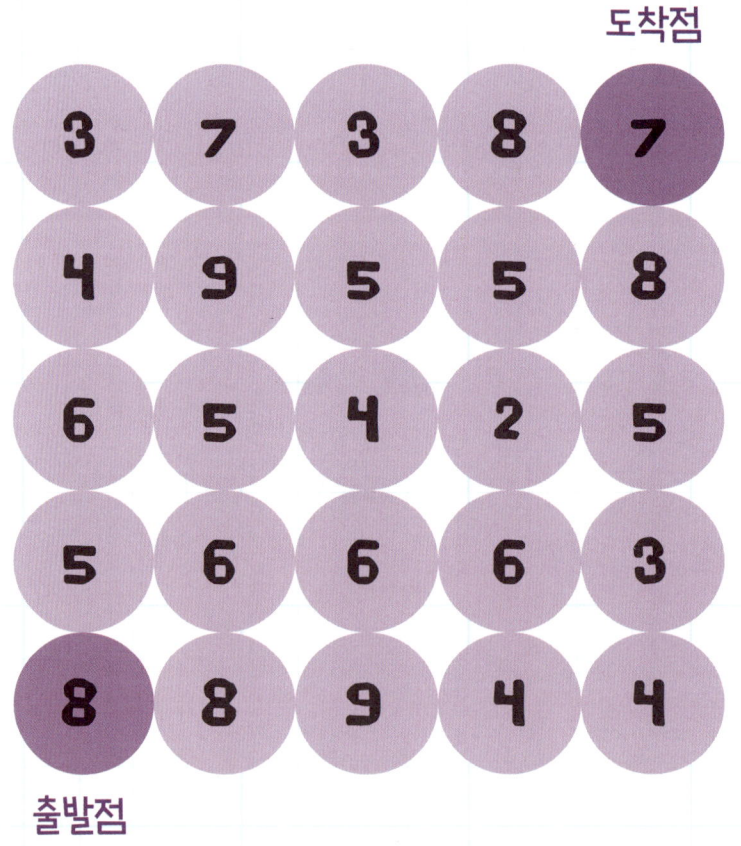

1	2	3
11	7	5
13	17	?

★★ PUZZLE 2

숫자들이 어떤 규칙에 따라 적혀 있어요.
물음표에 들어갈 숫자는 무엇일까요?

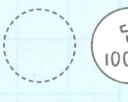

PUZZLE 3

얼굴들이 어떤 규칙에 따라 변하고 있어요.
다음에 올 얼굴은 A, B, C 중에서 무엇일까요?

PUZZLE 4

네 모퉁이 중 한 곳에서 출발해서 선을 따라 이동해요.
출발한 숫자를 포함해서 숫자 다섯 개를 연결한 다음 더했을 때
21이 나와야 합니다. 21이 되는 길은 모두 몇 가지일까요?

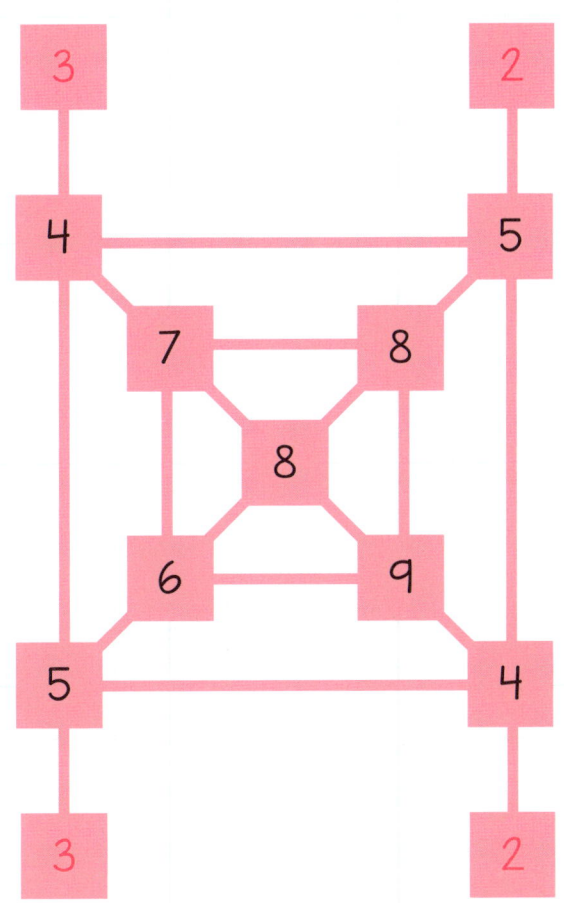

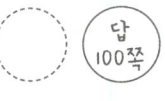

PUZZLE 5

도형 A~E 중에서 하나만 달라요.
어떤 도형일까요?

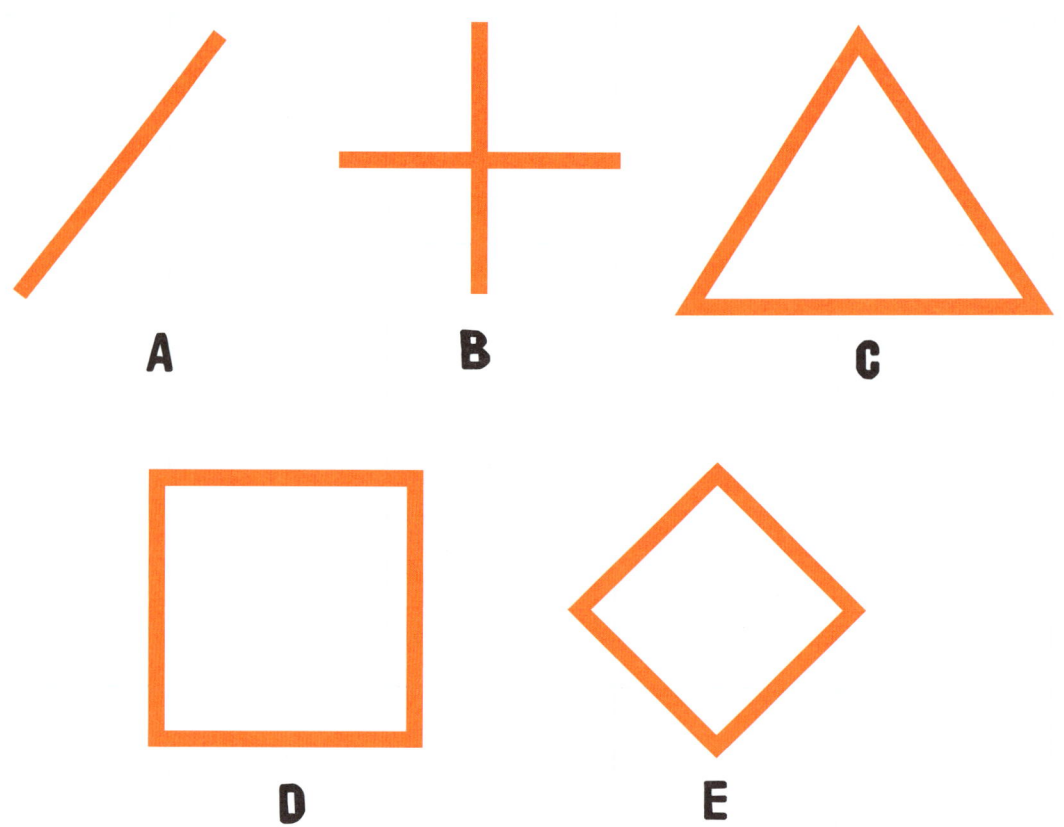

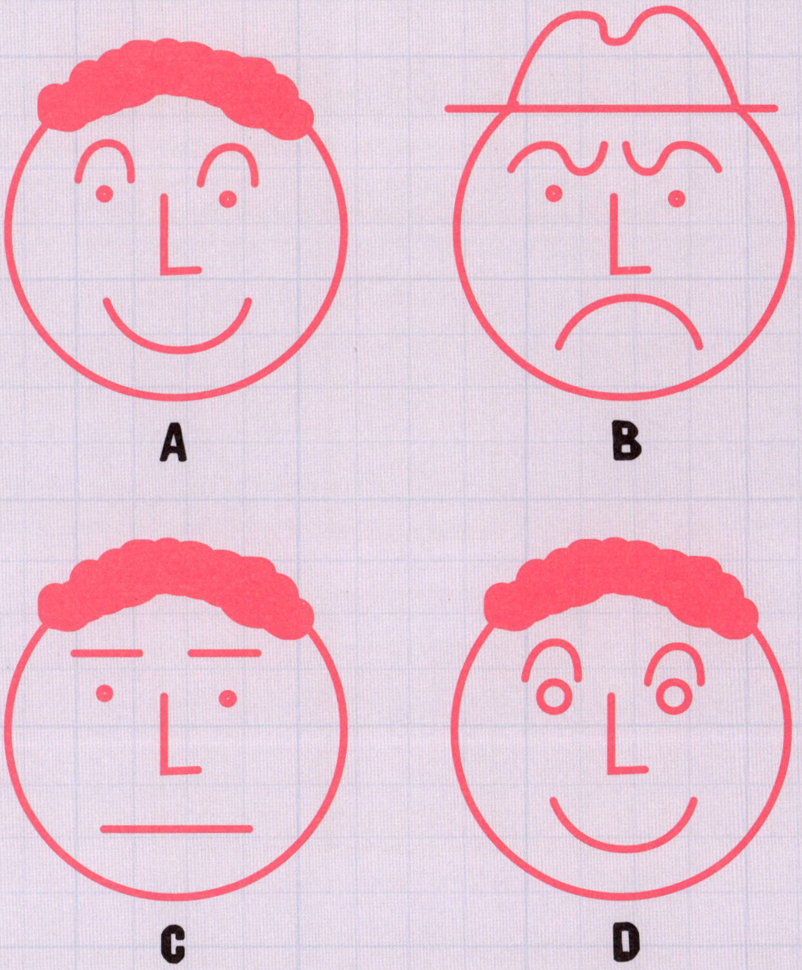

A

B

C

D

PUZZLE 6

얼굴 A~D 중에서 하나만 달라요.
어떤 얼굴일까요?

| 21 | 63 | 42 |

| ? |

| 28 | 56 | 14 |

★★★
PUZZLE 7

가운데 칸에 1보다 큰 숫자를 적어 보세요.
위아래에 적힌 다른 숫자들을 그 숫자로 나누었을 때 나머지 없이
딱 나누어떨어져야 합니다. 물음표에 들어갈 숫자는 무엇일까요?

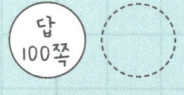

PUZZLE 8

사각형마다 숫자들이 어떤 규칙에 따라 적혀 있어요.
물음표에 들어갈 숫자는 무엇일까요?

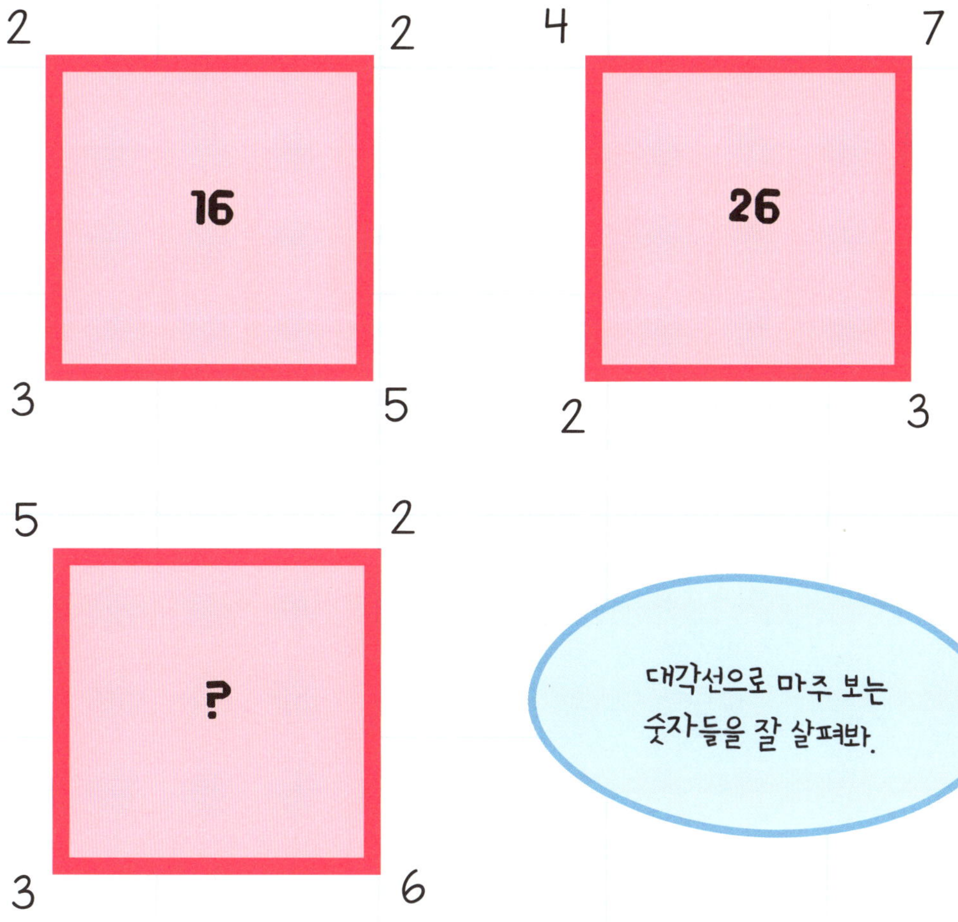

2　　　　　2　　　　4　　　　　7

　　16　　　　　　　　26

3　　　　　5　　　　2　　　　　3

5　　　　　2

　　?　　　　　　　대각선으로 마주 보는
　　　　　　　　　숫자들을 잘 살펴봐.

3　　　　　6

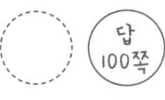

PUZZLE 9

두 개씩 짝 지은 숫자들은 각각 어떤 규칙에 따라 적혀 있어요.
물음표에 들어갈 숫자는 무엇일까요?

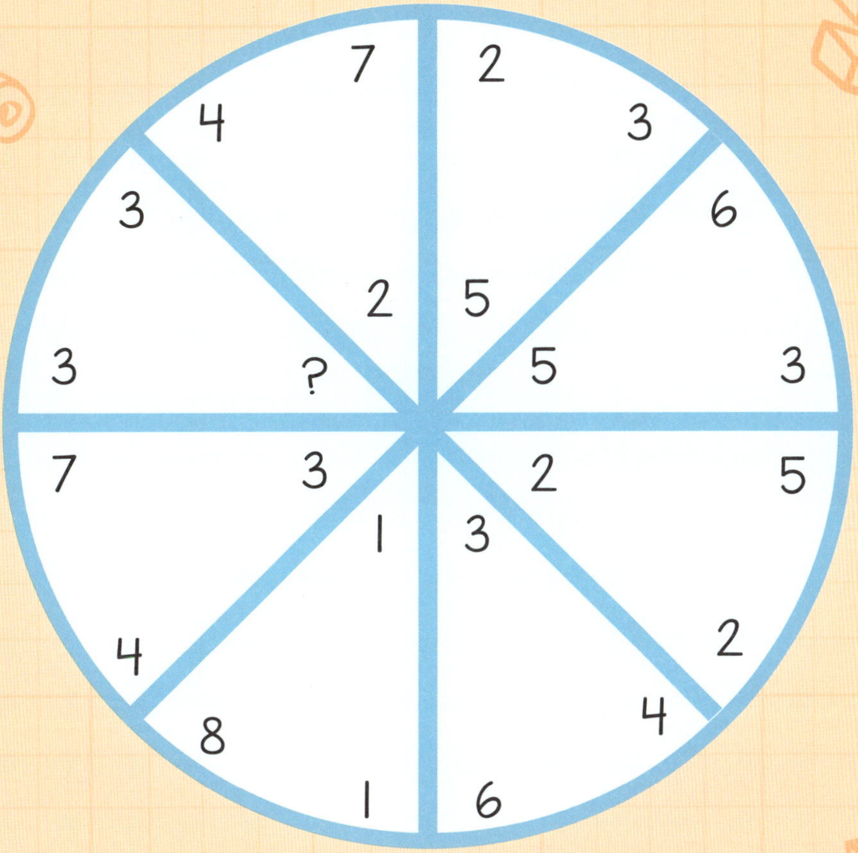

PUZZLE 10

원에 숫자들이 어떤 규칙에 따라 적혀 있어요.
물음표에 들어갈 숫자는 무엇일까요?

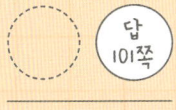
답
101쪽

4	54	5
3	63	6
7	27	2
9	19	1
8	?	2

PUZZLE 11

표에서 가운데 줄의 숫자들과 왼쪽 줄, 오른쪽 줄의 숫자들 사이에는 규칙이 있어요. 물음표에 들어갈 숫자는 무엇일까요?

PUZZLE 12

그림을 완성하려면 빈칸에 들어갈 조각은 A~C 중에서 어떤 것일까요?

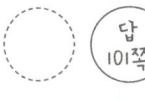

PUZZLE 13

아래에 신기한 금고가 있어요.
금고를 열려면 모든 버튼을 정해진 순서대로 한 번씩만 눌러야 합니다.
단, 마지막으로 F 를 눌러야 해요. 각 버튼에 적힌 숫자와 알파벳은
어느 방향으로 몇 번 움직여야 하는지 나타내고 있어요.

- 1i : 안(in)쪽으로 한 번
- 1o : 바깥(out)쪽으로 한 번
- 1c : 시계 방향(clockwise)으로 한 번
- 1a : 시계 반대 방향(anti-clockwise)으로 한 번

힌트를 하나 줄게요. 처음에 눌러야 하는 버튼은 안쪽 줄에 있어요!
금고를 열려면 처음에 눌러야 하는 버튼은 어떤 것일까요?

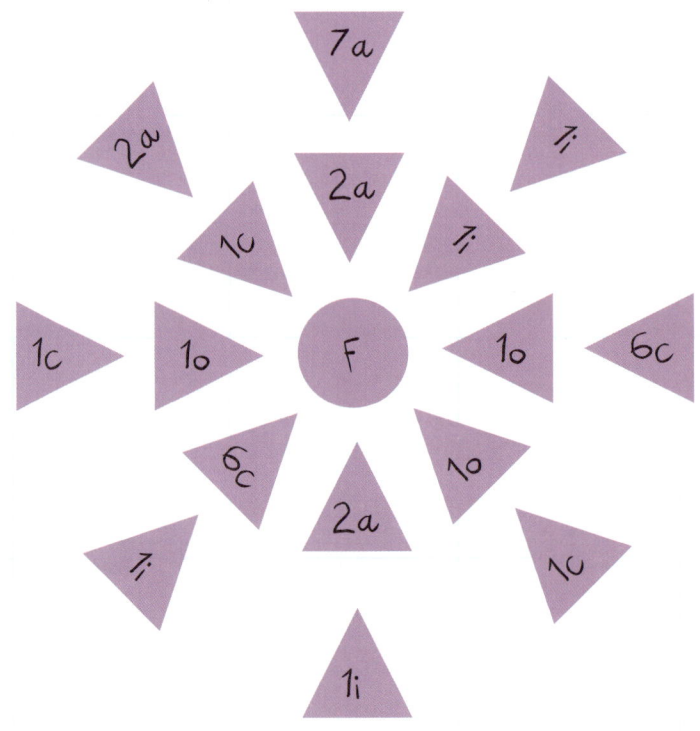

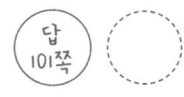

PUZZLE 14

알파벳들이 어떤 규칙에 따라 적혀 있어요.
물음표에 들어갈 알파벳은 무엇일까요?

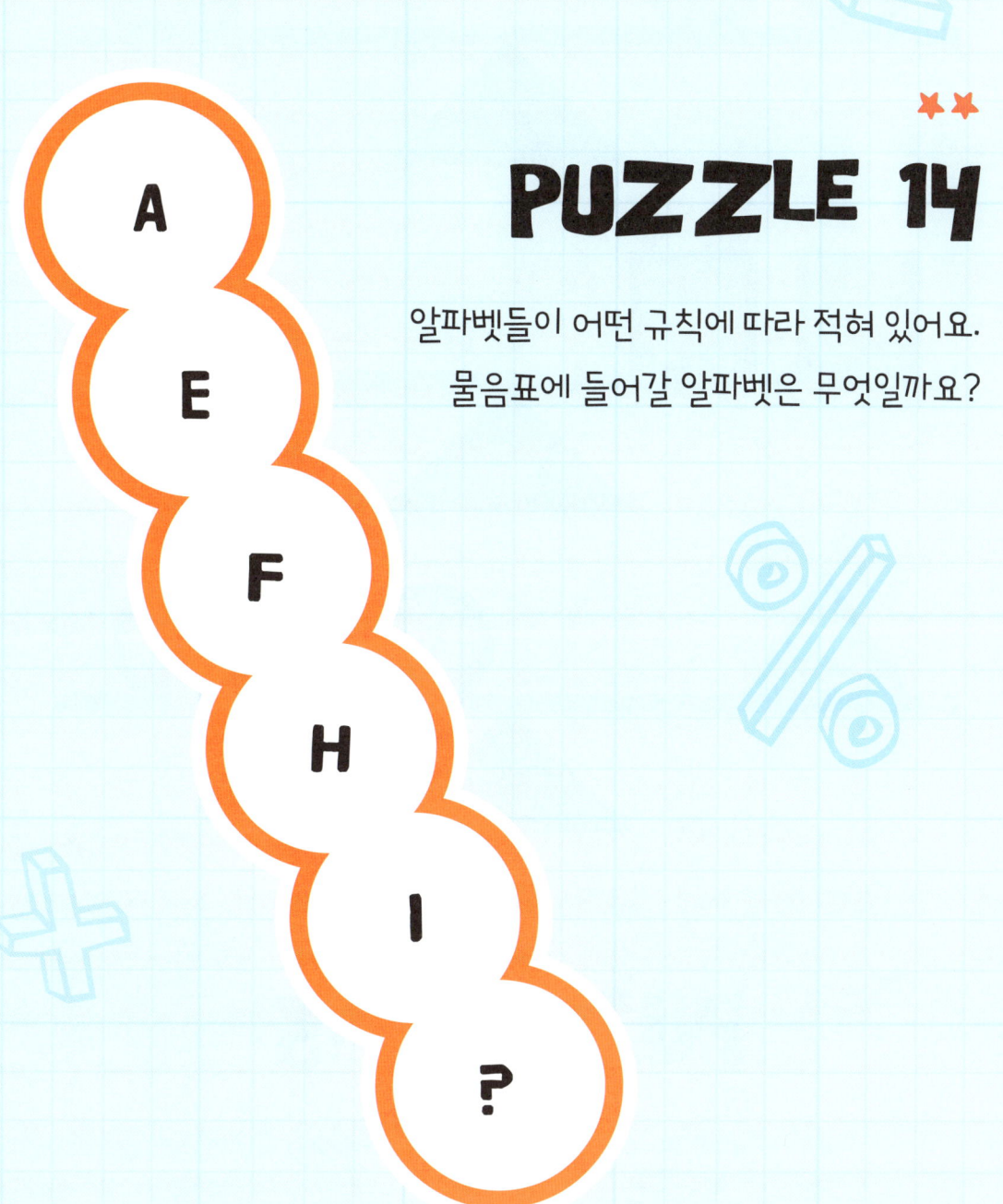

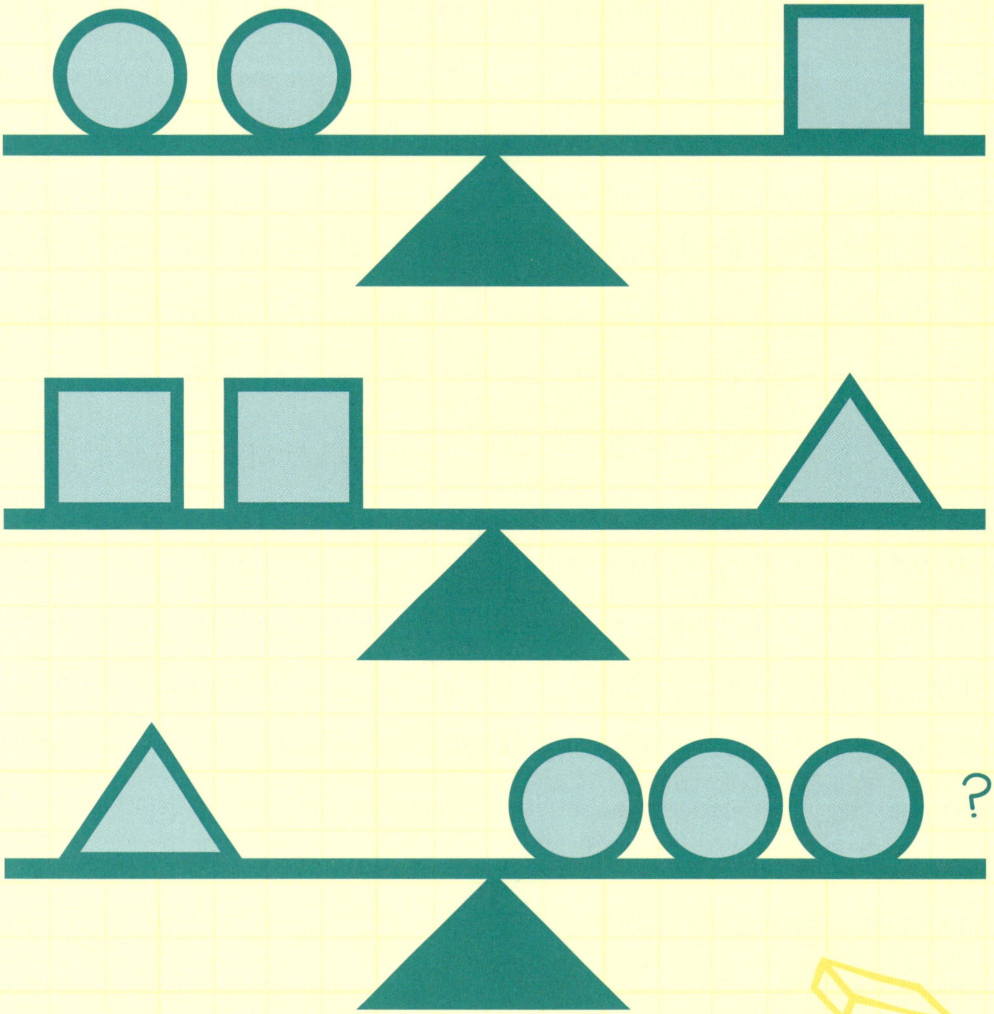

★★★

PUZZLE 15

저울은 모두 균형을 이루고 있어요.
물음표에 들어갈 도형은 어떤 것일까요?

답 101쪽

PUZZLE 16

케이크 조각마다 숫자들을 더하면 같은 숫자가 될 거예요.
빈칸에 들어갈 숫자는 무엇일까요?

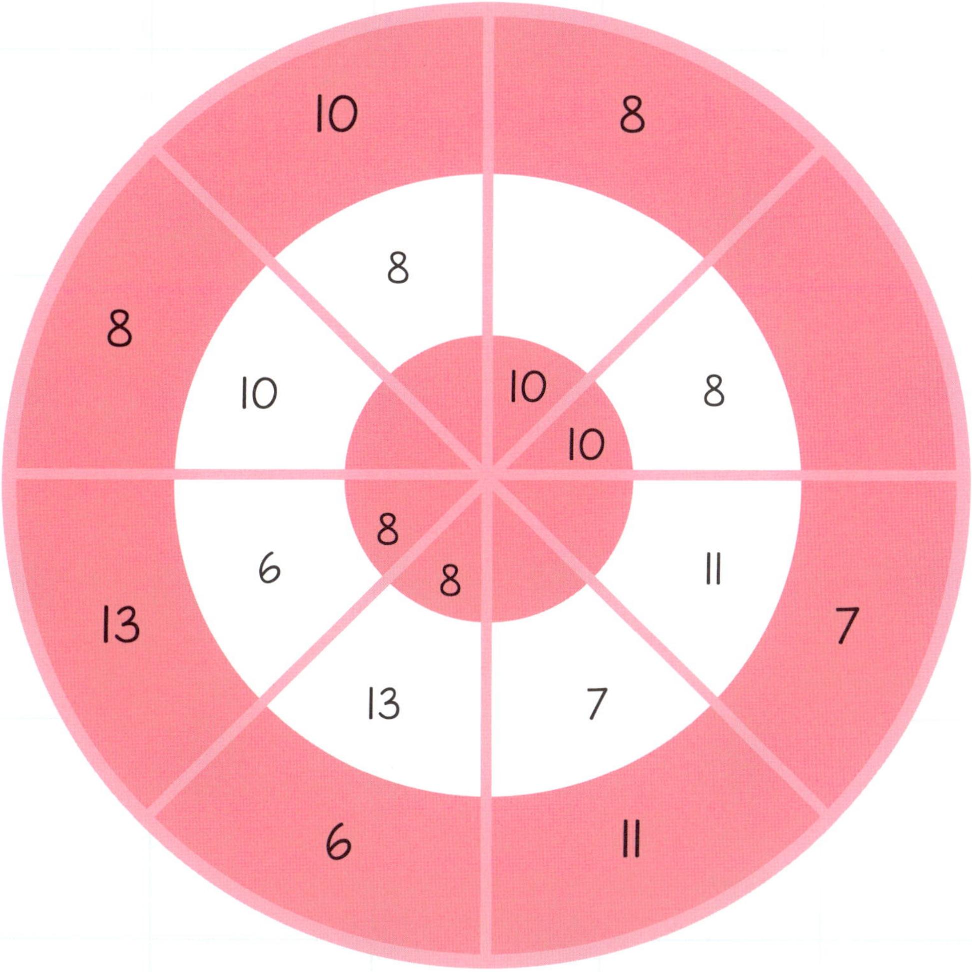

답 101쪽

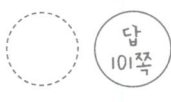

PUZZLE 17

도형 A~D는 어떤 규칙에 따라 나열되어 있어요.
다른 하나가 있네요. 어떤 도형일까요?

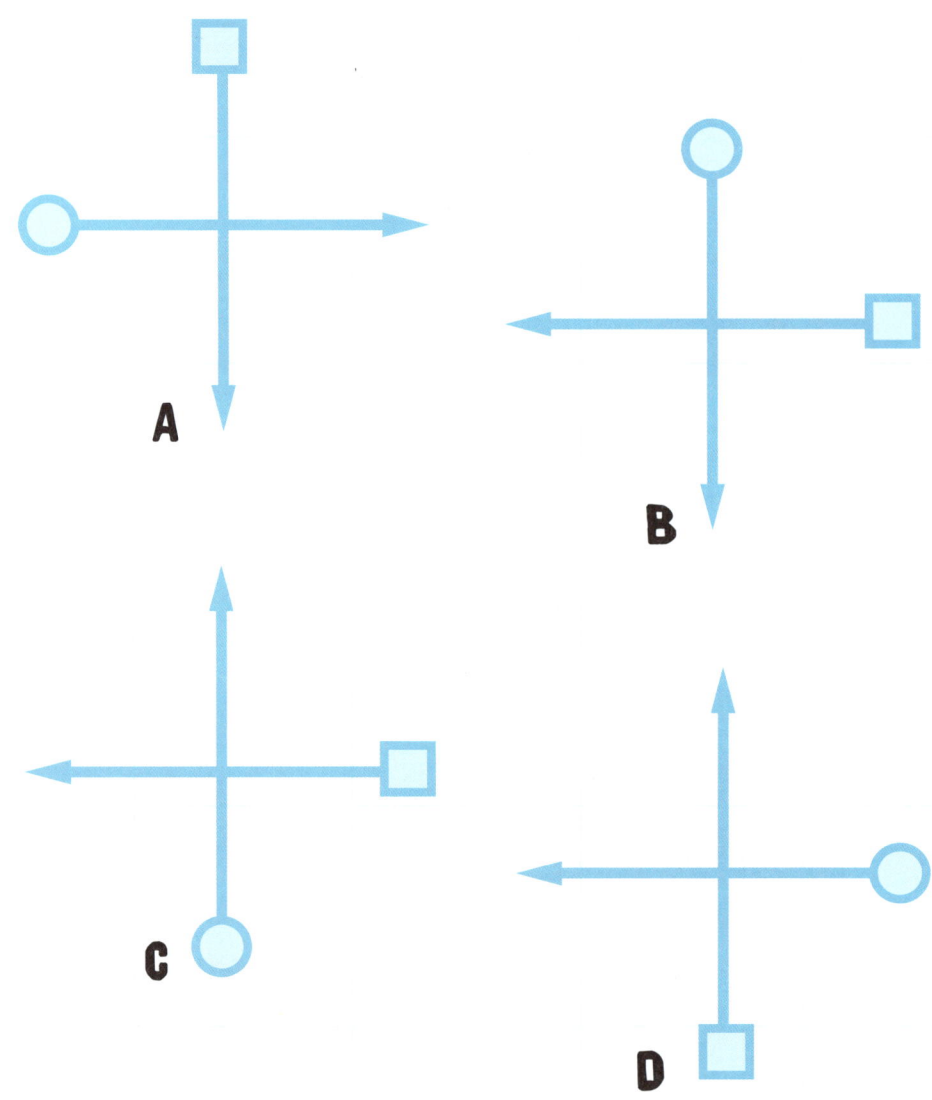

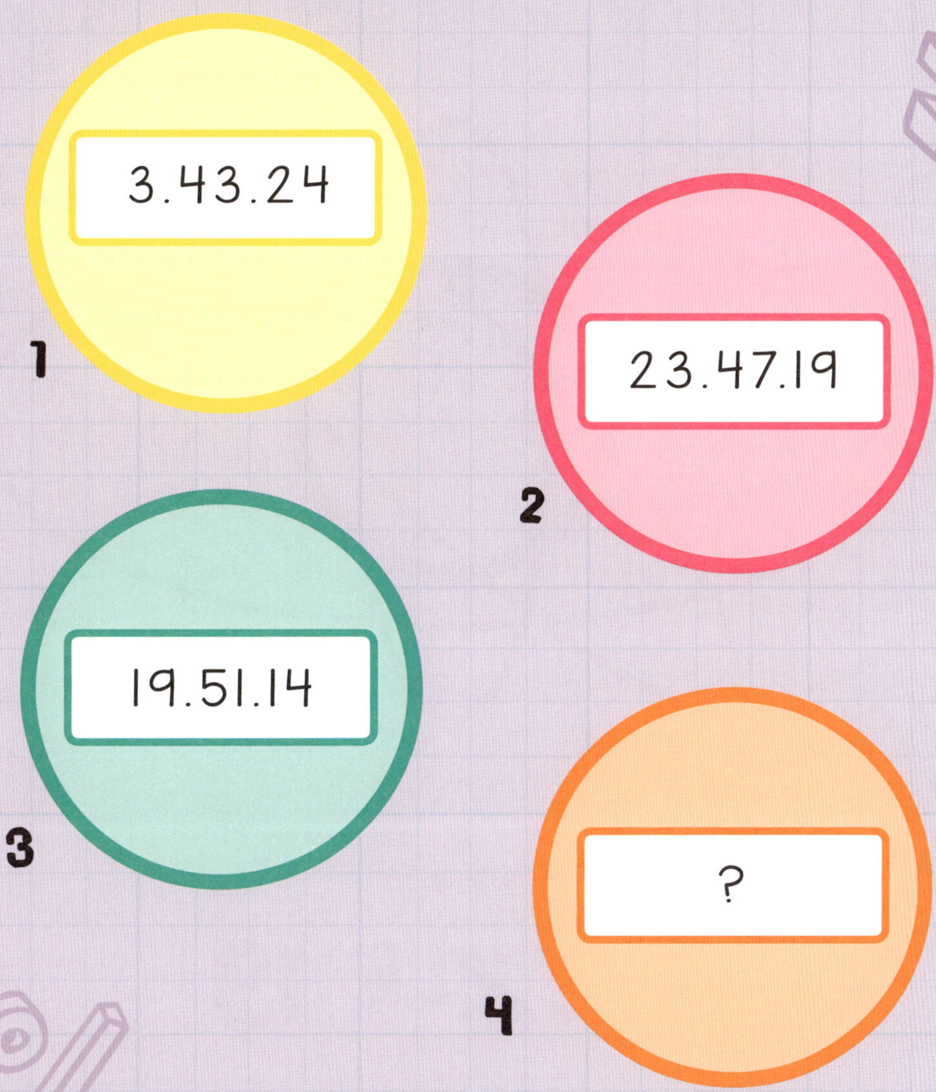

3.43.24
1
23.47.19
2
19.51.14
3
?
4

★★★★

PUZZLE 18

시계들이 나타내는 시간에는 어떤 규칙이 있어요.
마지막 시계는 몇 시 몇 분 몇 초를 나타내야 할까요?

답 102쪽

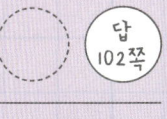

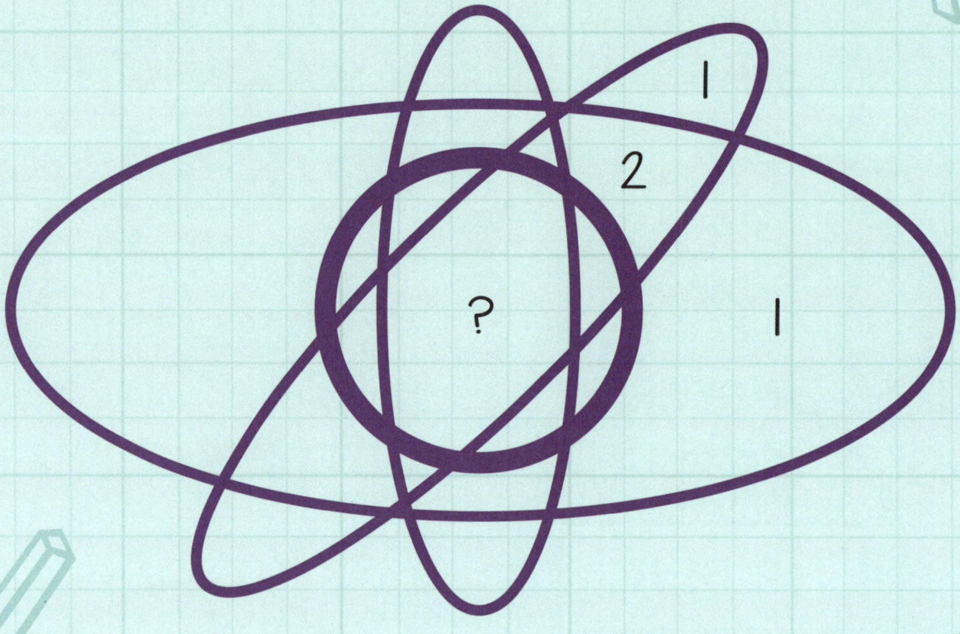

★★★

PUZZLE 19

그림에 숫자들이 어떤 규칙에 따라 적혀 있어요.
물음표에 들어갈 숫자는 무엇일까요?

답 102쪽

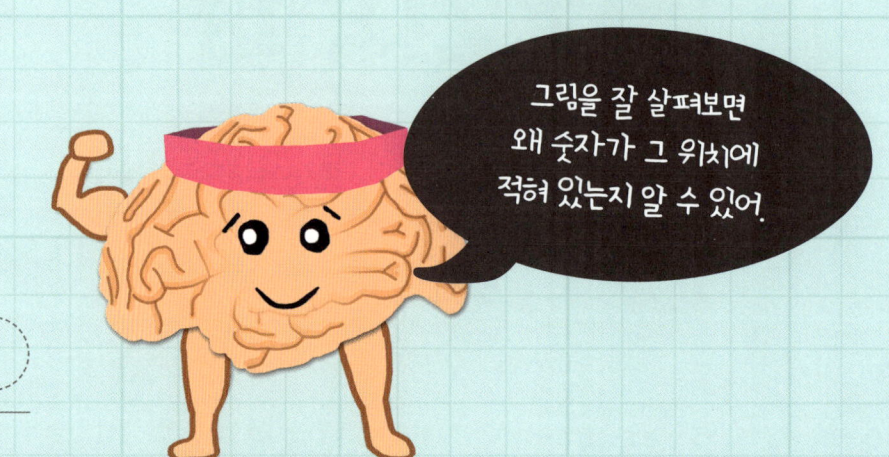

PUZZLE 20

도형 A~D는 어떤 규칙에 따라 나열되어 있어요.
다른 하나가 있네요. 어떤 도형일까요?

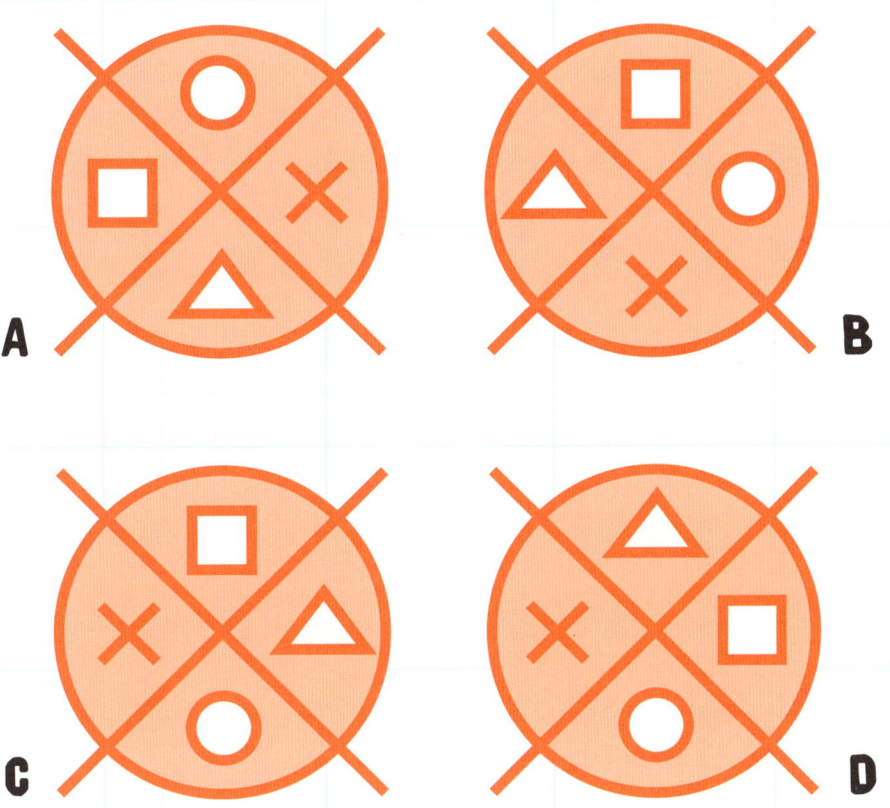

PUZZLE 21

그림들이 어떤 규칙에 따라 변하고 있어요.
물음표에 들어갈 그림은 A, B, C 중에서 어떤 것일까요?

A

B

C

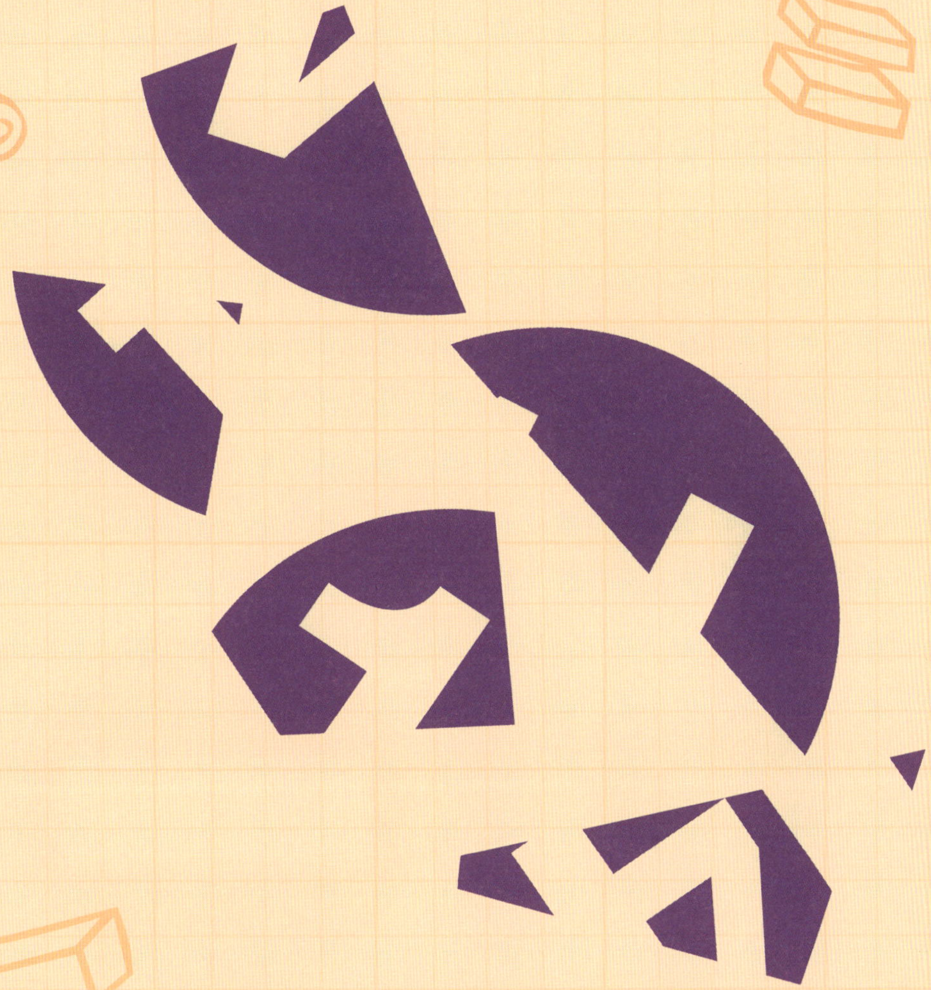

PUZZLE 22

생일 케이크를 다섯 조각으로 잘랐어요.
조각들을 맞추면 오늘 생일인 쌍둥이 친구들의 나이를 알 수 있어요!
쌍둥이 친구들은 몇 살일까요?

1. 4.30.52
2. 6.35.59
3. 8.40.06
4. ?

PUZZLE 23

시계들이 나타내는 시간에는 어떤 규칙이 있어요.
마지막 시계는 몇 시 몇 분 몇 초를 나타내야 할까요?

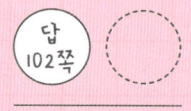

PUZZLE 24

도형 A~D 중에서 하나만 달라요. 어떤 도형일까요?

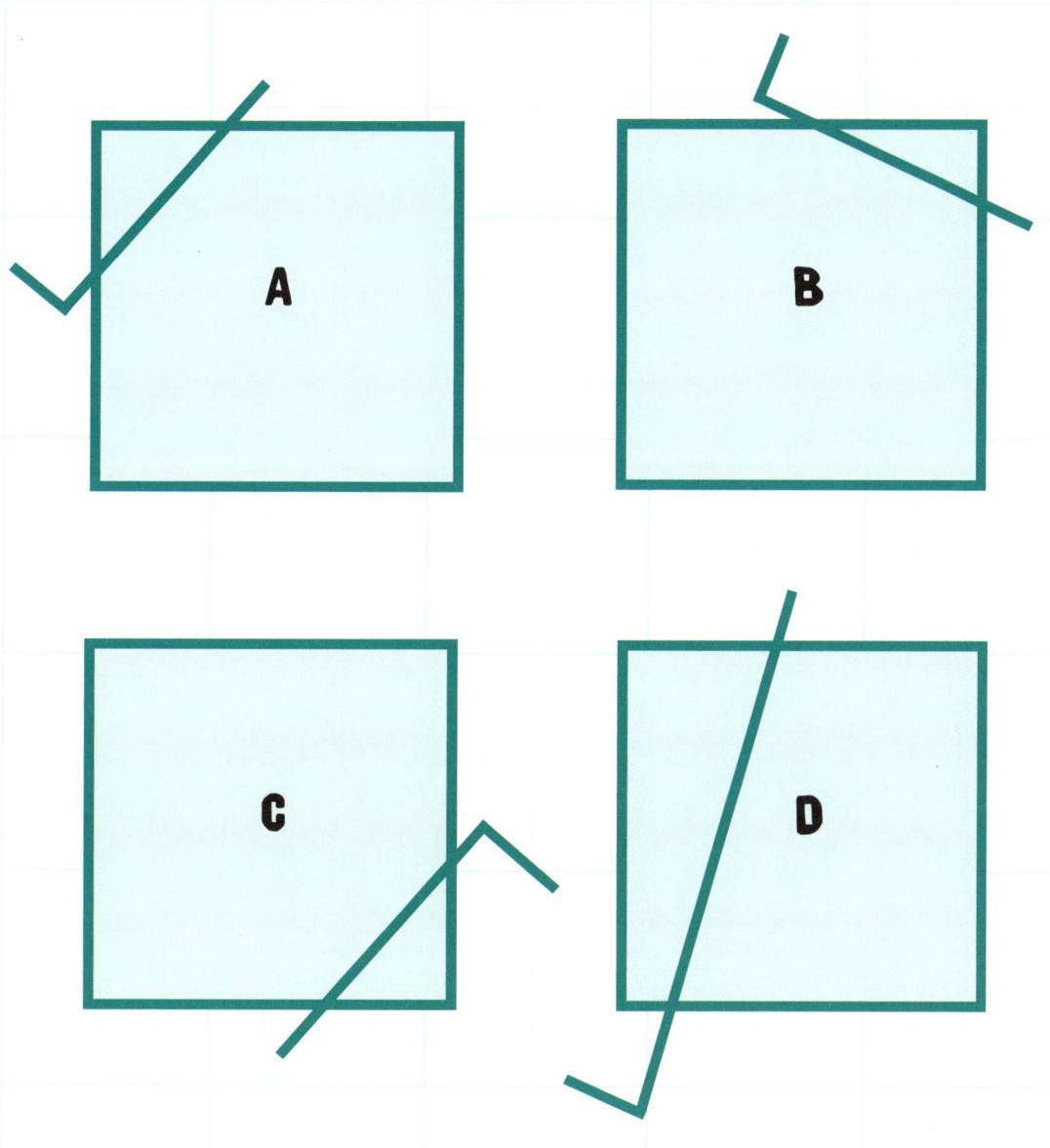

PUZZLE 25

음메~하고 우는 소예요. A에서 시작해
소의 몸 위에 적힌 숫자들을 지나 B까지 갈 거예요.
지나온 숫자들을 모두 더했을 때 나올 수 있는
가장 작은 숫자는 무엇일까요?

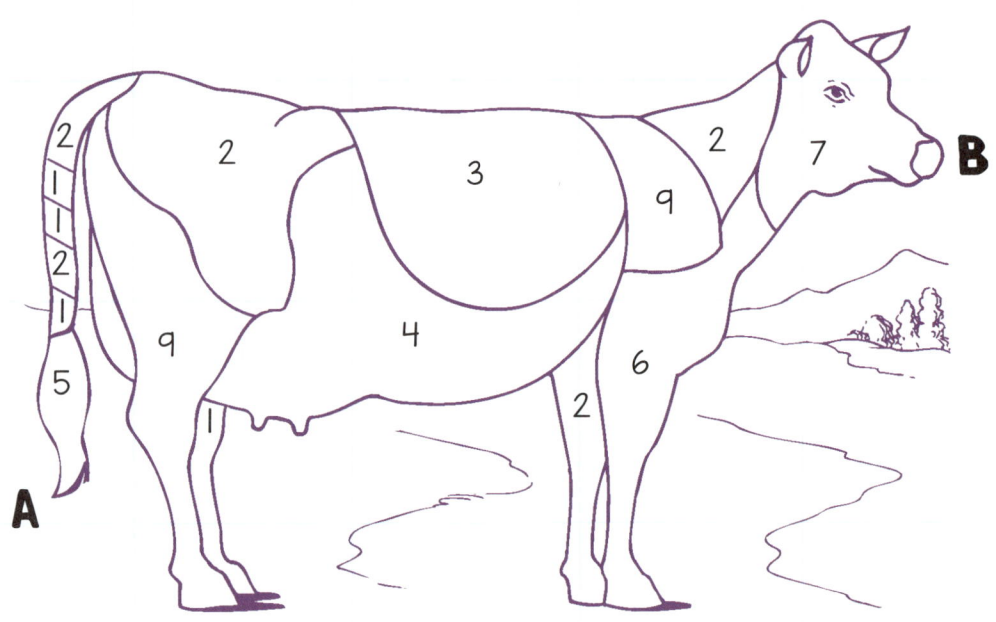

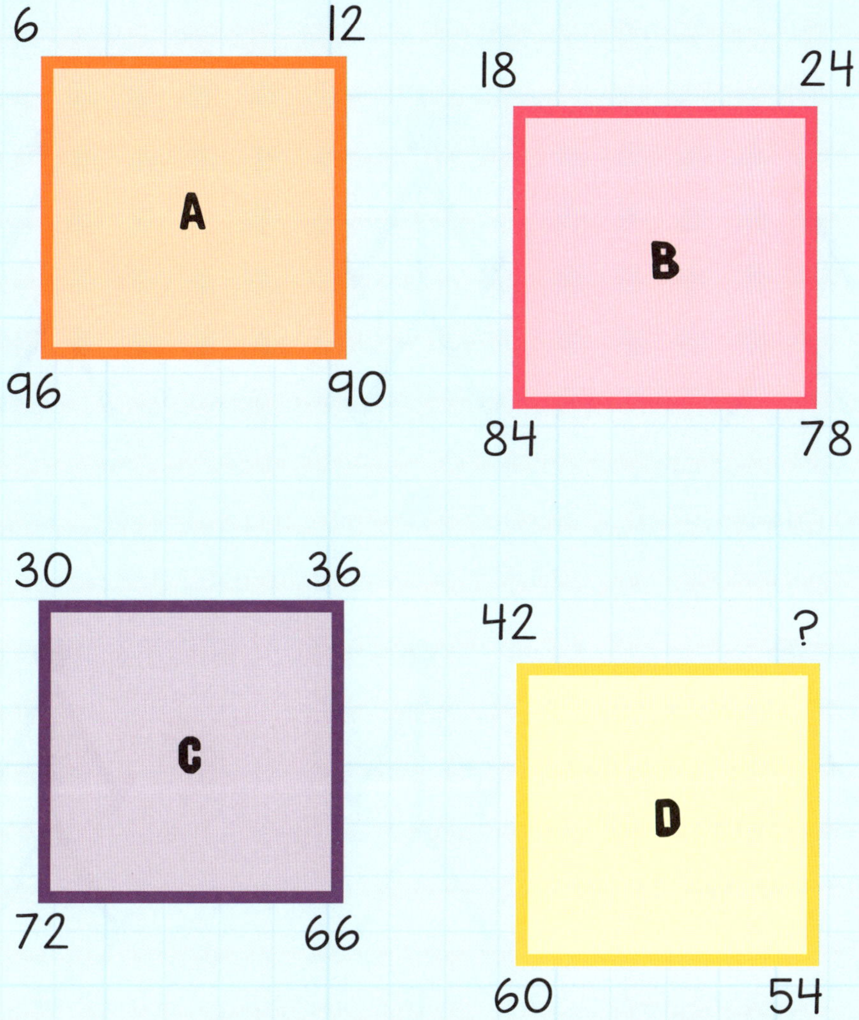

```
      6        12          18        24

   ┌─────────┐           ┌─────────┐
   │    A    │           │    B    │
   └─────────┘           └─────────┘

      96       90          84        78


     30        36          42        ?

   ┌─────────┐           ┌─────────┐
   │    C    │           │    D    │
   └─────────┘           └─────────┘

     72        66          60        54
```

PUZZLE 26

사각형마다 숫자들이 어떤 규칙에 따라 적혀 있어요.
물음표에 들어갈 숫자는 무엇일까요?

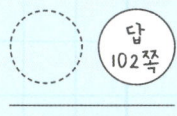

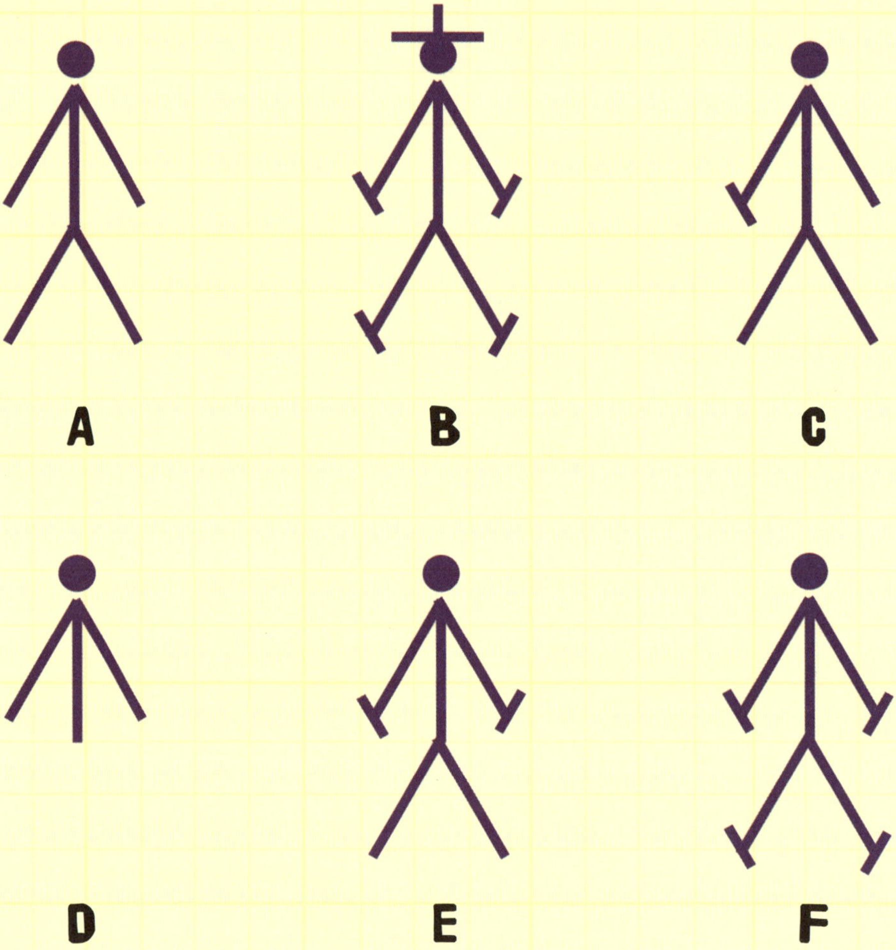

A　　　B　　　C

D　　　E　　　F

PUZZLE 27

그림 A~F 중에서 하나만 달라요.
어떤 그림일까요?

36

PUZZLE 28

원에 적힌 숫자 중에서 네 개를 더해서 14를 만들어야 합니다.
한 숫자를 여러 번 더할 수 있어요. 같은 숫자 조합은 한 가지 방법입니다.
어떤 숫자들을 더해야 14가 나올까요? 또, 몇 가지 방법이 있을까요?

★★★

PUZZLE 29

삼각형마다 숫자들이 어떤 규칙에 따라 적혀 있어요.
물음표에 들어갈 숫자는 무엇일까요?

답 103쪽

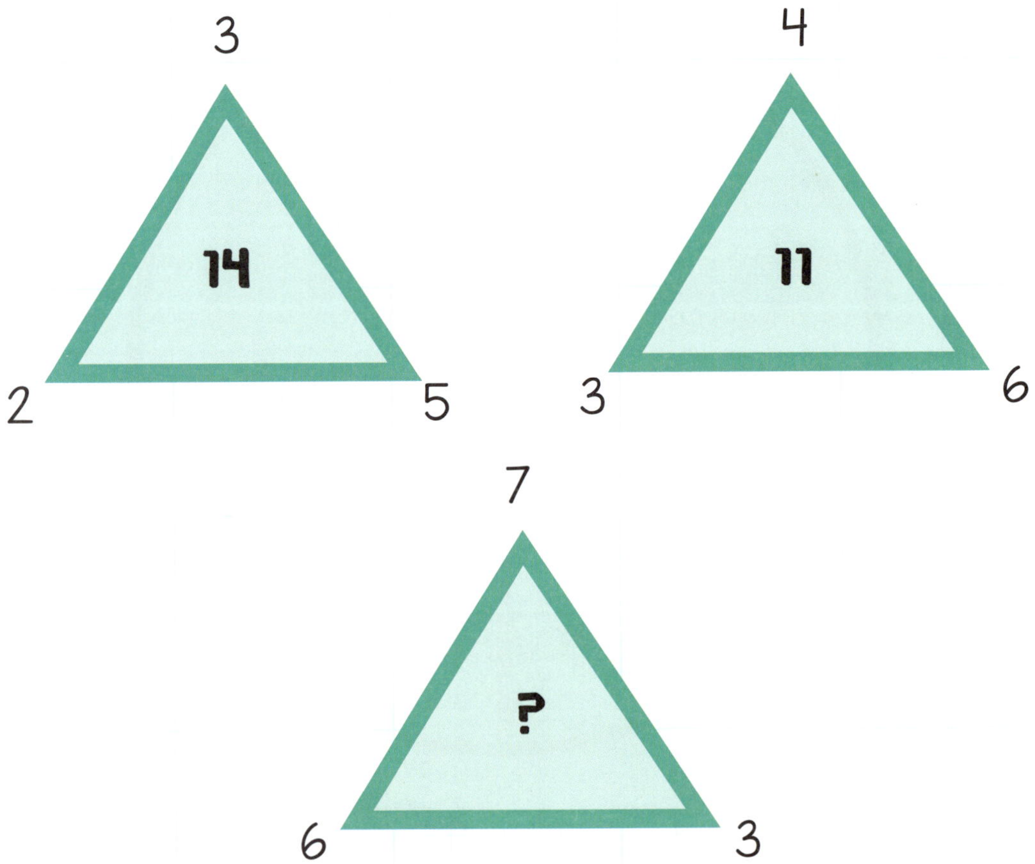

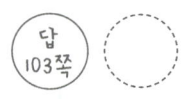

PUZZLE 30

원에 숫자들이 어떤 규칙에 따라 적혀 있어요.
물음표에 들어갈 숫자는 무엇일까요?

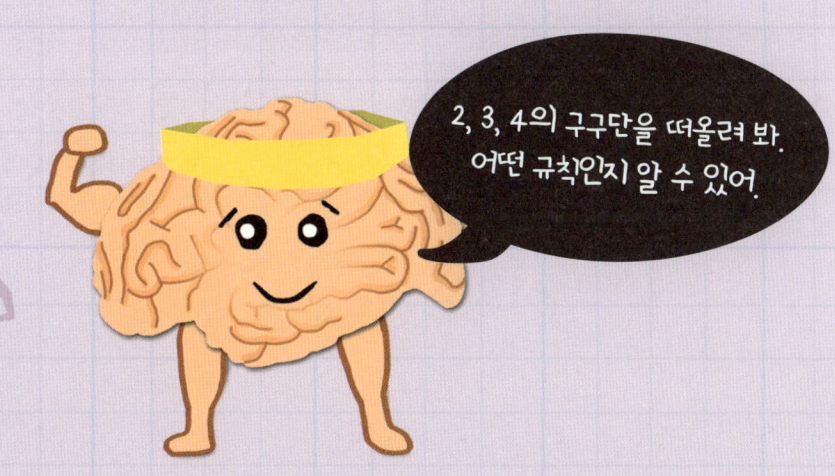

2, 3, 4의 구구단을 떠올려 봐.
어떤 규칙인지 알 수 있어.

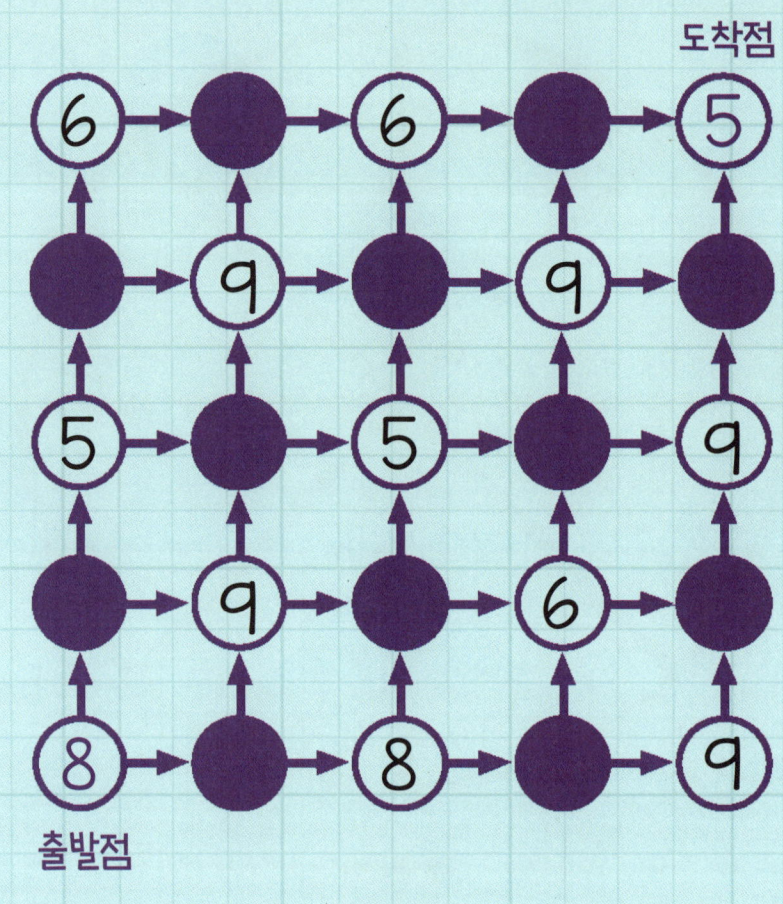

PUZZLE 31

왼쪽 맨 아래에 적힌 8부터 출발해서 화살표를 따라 오른쪽 맨 위에 적힌 5까지 갈 거예요. 5에 도착했을 때 출발점 8과 도착점 5를 포함해서 지나온 숫자 다섯 개를 더해 보세요. 단, 보라색 원을 지날 때마다 4를 빼야 해요. 나올 수 있는 가장 작은 숫자는 무엇일까요? 또, 그 숫자가 나오는 길은 모두 몇 가지일까요?

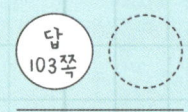

PUZZLE 32

알파벳들이 어떤 규칙에 따라 적혀 있어요.
물음표에 들어갈 알파벳은 무엇일까요?

PUZZLE 33

1년은 365일이고, 일주일은 월요일부터 일요일까지 7일이에요.
만약에 1월 1일이 월요일이라면 그해의 월요일은 며칠이나 될까요?

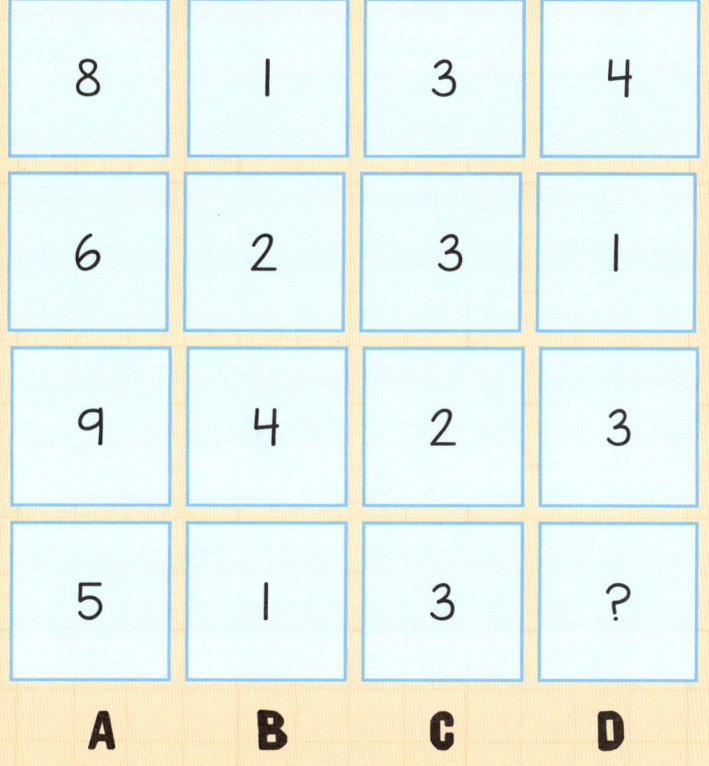

PUZZLE 34

세로줄 D와 세로줄 A, B, C의 숫자들 사이에는 규칙이 있어요.
물음표에 들어갈 숫자는 무엇일까요?

A　　B　　C　　D

PUZZLE 35

그림들이 어떤 규칙에 따라 변하고 있어요.
다른 하나가 있네요. 어떤 그림일까요?

PUZZLE 36

모든 집은 가스, 물, 전기 등의 에너지가 필요해요.
선을 그어 에너지를 모든 집에 연결해야 합니다.
단, 에너지와 집을 연결했을 때 한 선이라도 겹치면
어떤 에너지도 사용할 수 없어요. 모든 집에 에너지를
전달할 수 있을까요? 가능하다면 몇 가지 방법이 있을까요?

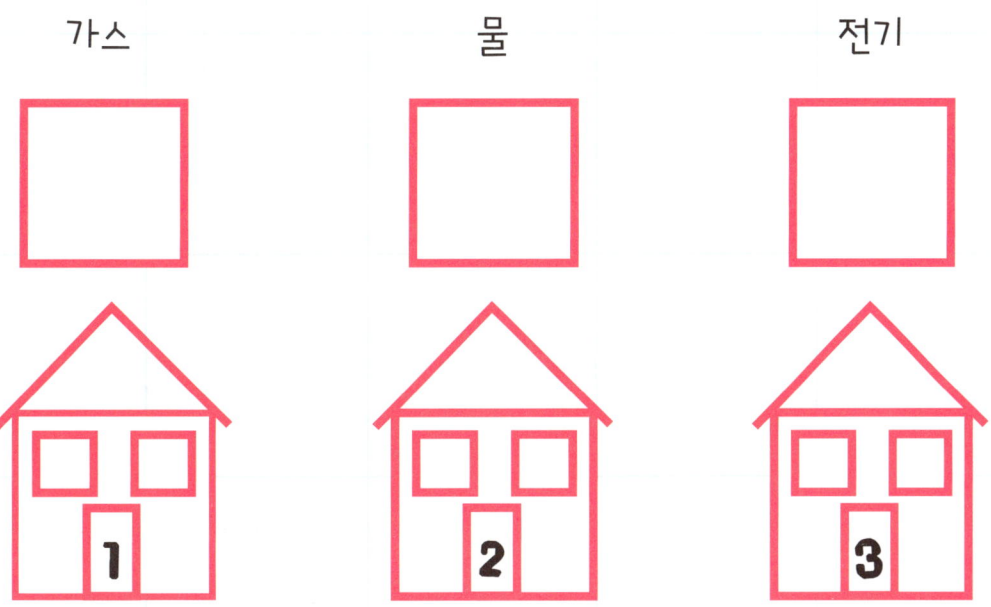

PUZZLE 37

표에 그려진 네 가지 기호는 서로 다른 숫자를 뜻해요. 가로줄, 세로줄마다 기호가 뜻하는 숫자를 모두 더한 값은 표의 아래쪽과 오른쪽에 적혀 있어요. 물음표에 들어갈 숫자는 무엇일까요?

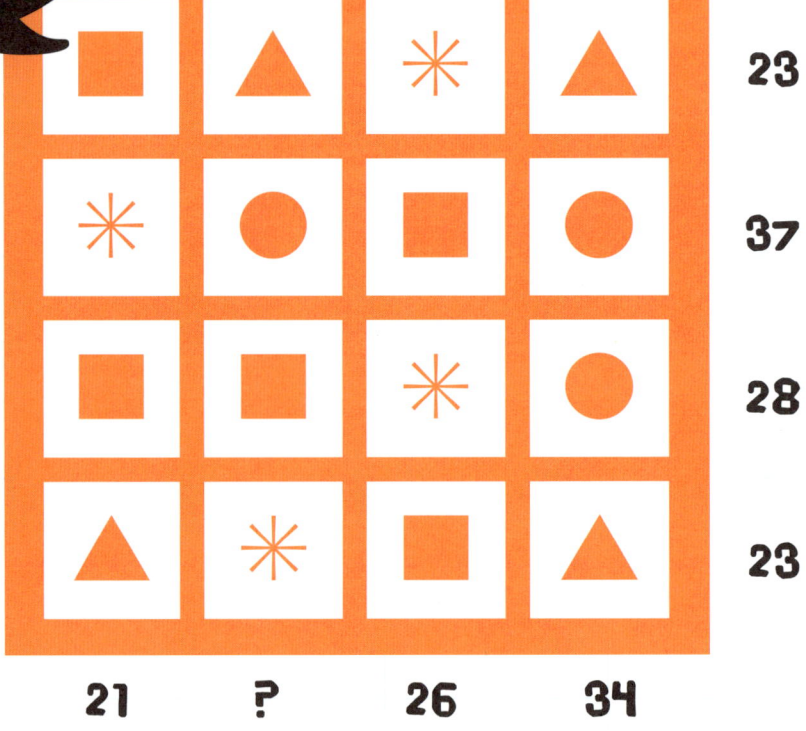

가로줄, 세로줄에서 두 가지 기호로만 이루어진 식을 먼저 찾아봐.

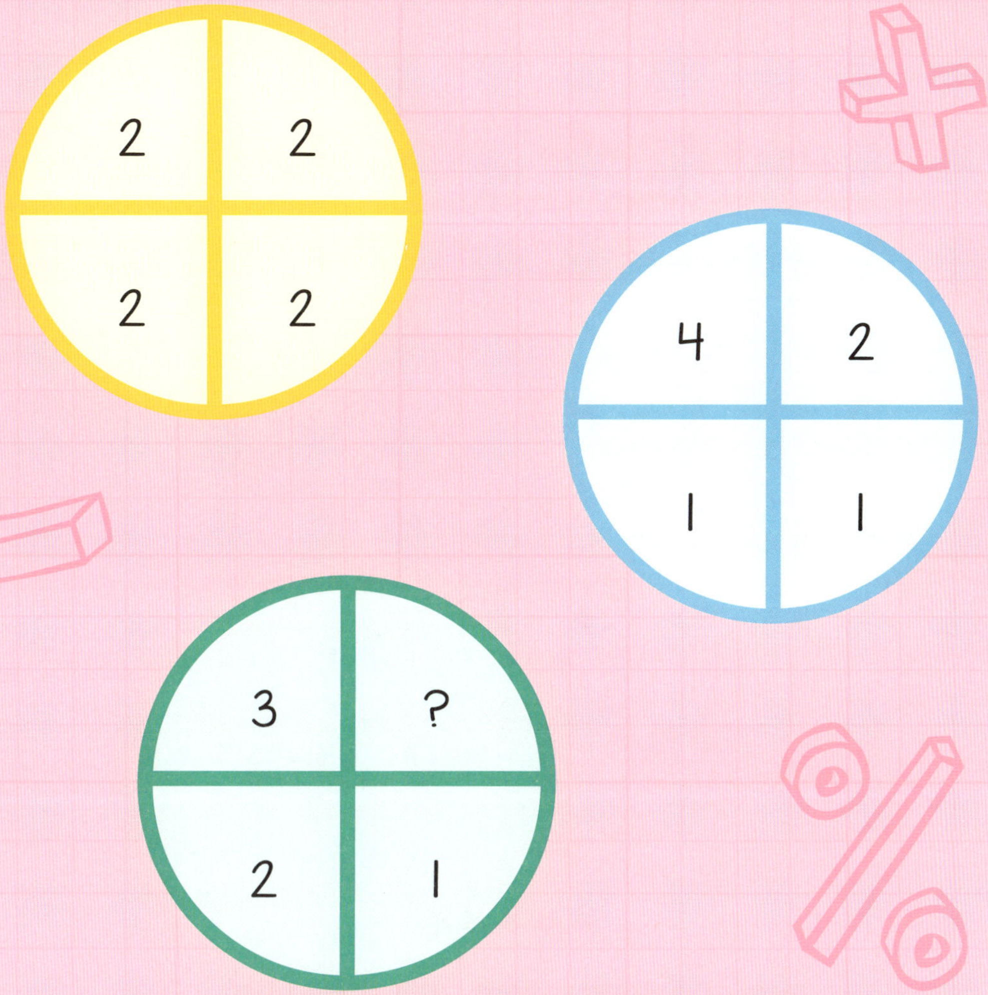

PUZZLE 38

원마다 숫자들이 어떤 규칙에 따라 적혀 있어요.
물음표에 들어갈 숫자는 무엇일까요?

답 104쪽

★★★★★
PUZZLE 39

스크루지 영감은 작은 양초들을 모아 함께 녹여서 새로운 양초를 만들어요. 새 양초를 쓰다가 작아진 양초 4개를 함께 녹이면 새 양초 1개를 만들 수 있어요. 양초를 쓰고 만드는 것을 반복할 때 작은 양초 48개를 녹이면 모두 몇 개의 양초를 만들 수 있을까요?

PUZZLE 40

베녹스 별나라에서는 1V, 2V, 5V, 10V, 20V, 50V짜리 동전을 사용해요. 별나라에 사는 한 친구가 은행에 2,349V를 저금하려고 다섯 종류의 동전을 같은 개수로 가지고 왔어요. 어떤 동전을 몇 개씩 가지고 왔을까요?

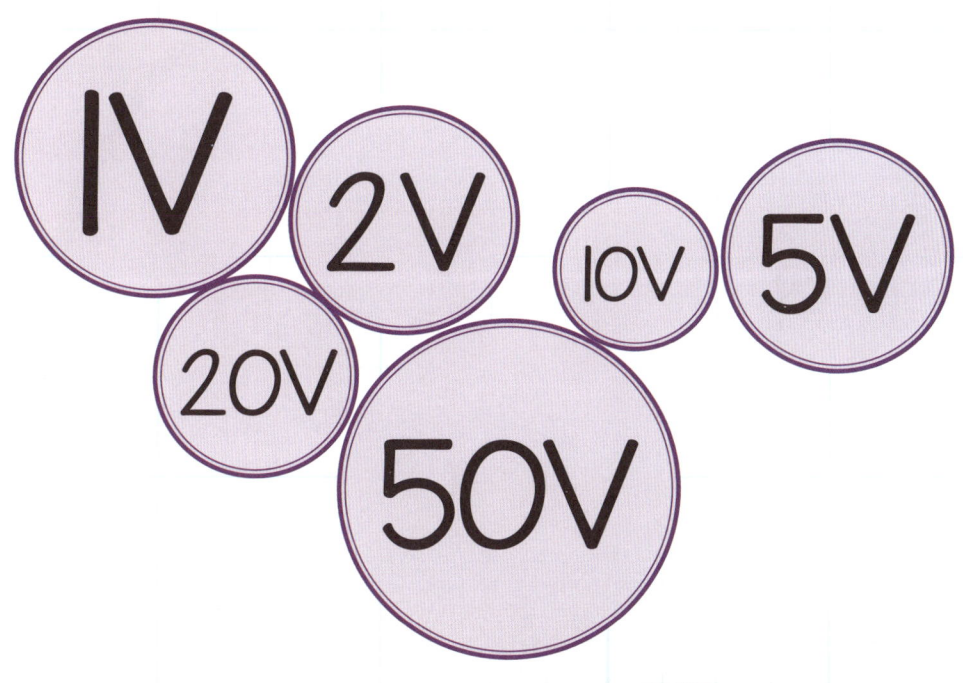

놀랍게도 이 친구는 각 동전을 20개보다 많이 가져왔다고 해. 동전의 종류와 개수를 바꿔서 더해 봐.

PUZZLE 41

여러 숫자 중에서 하나만 달라요.
어떤 숫자일까요?

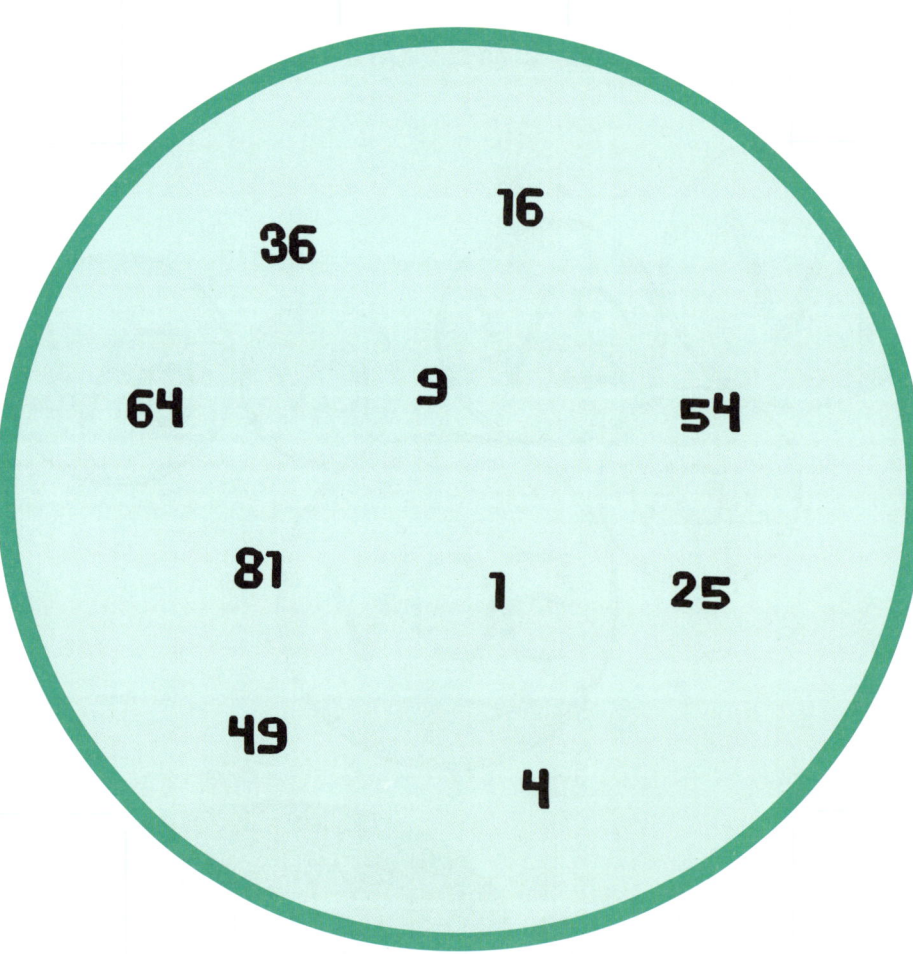

★★★★★
PUZZLE 42

병을 만드는 공장에서는 사용하다가 깨진 병 3개를
함께 녹여서 새 병 1개를 만들어요.
병을 사용하고 만드는 것을 반복할 때 깨진 병 279개를 녹이면
모두 몇 개의 병을 만들 수 있을까요?

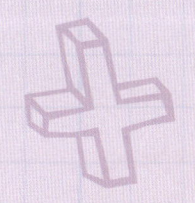

답
104쪽

PUZZLE 43

칸 속에 있어야 할 사칙연산 부호가 사라졌어요!
같은 부호를 여러 번 사용할 수 있습니다.
물음표에는 어떤 부호가 들어가야 할까요?

| 4 | ? | 5 | ? | 3 | ? | 8 | = | 24 |

| 2 | 4 | 7 | 14 | 17 | 34 | 37 | ? |

⭐⭐
PUZZLE 44

칸에 숫자들이 어떤 규칙에 따라 적혀 있어요.
물음표에 들어갈 숫자는 무엇일까요?

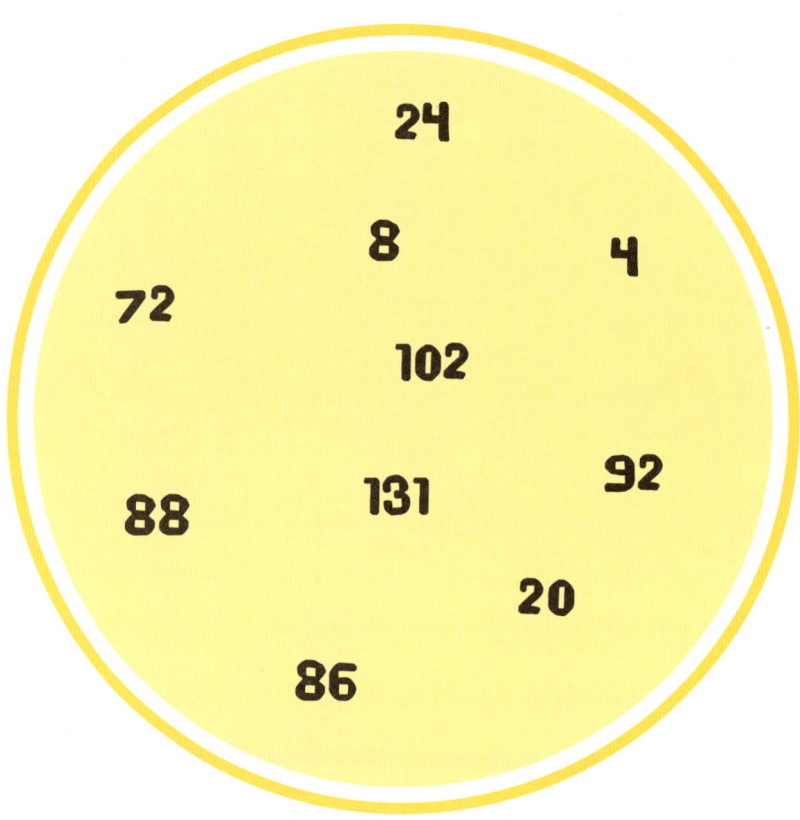

PUZZLE 45

여러 숫자 중에서 하나만 달라요.
다른 숫자는 72, 102, 131 중에서 어떤 것일까요?

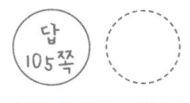

PUZZLE 46

직선을 그어 곰의 몸을 나누려고 해요.
단, 조각마다 1, 2, 3, 4, 5, 6이 들어 있어야 합니다.
최소한 몇 개의 직선이 필요할까요?

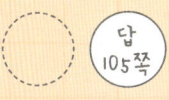

PUZZLE 47

스크루지 영감은 쓰다가 작아진 비누 3개를 함께 녹여서 새 비누 1개를 만들어요. 비누를 쓰고 만드는 것을 반복할 때 작은 비누 9개를 녹이면 모두 몇 개의 비누를 만들 수 있을까요?

★★
PUZZLE 48

칸에 숫자들이 어떤 규칙에 따라 적혀 있어요.
물음표에 들어갈 숫자는 무엇일까요?

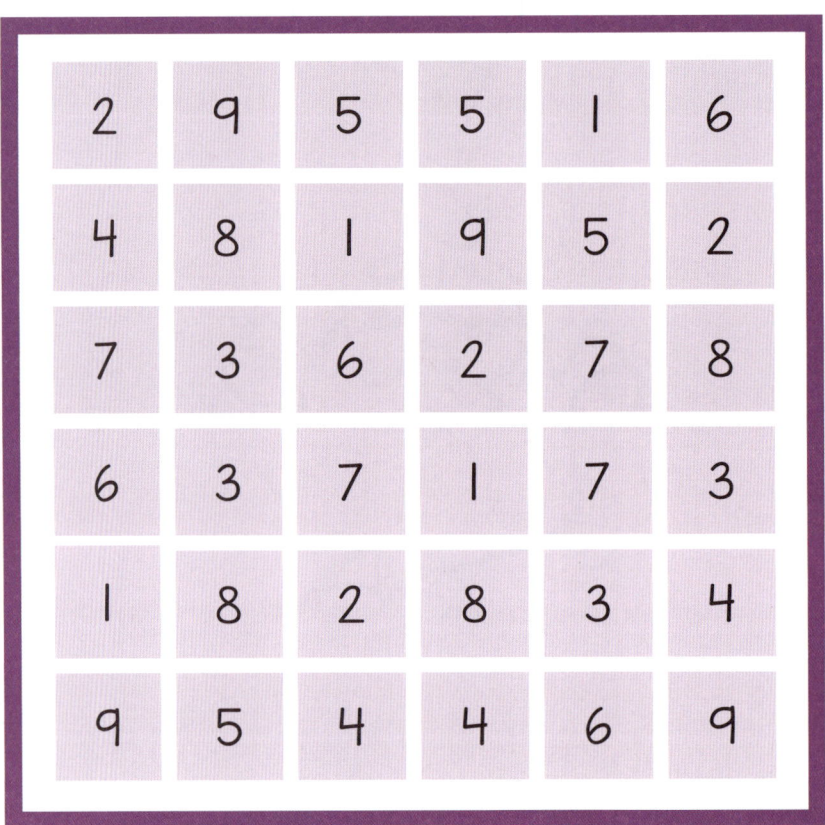

PUZZLE 49

선을 그어 상자를 네 조각으로 나누어 보세요.
단, 조각에 들어 있는 숫자들을 더한 값이 모두 같아야 합니다.
상자를 어떻게 나누어야 할까요?

PUZZLE 50

칸에 숫자들이 어떤 규칙에 따라 적혀 있어요.
물음표에 들어갈 숫자는 무엇일까요?

| 1 | 4 | 8 | 11 | 15 | 18 | 22 | ? |

PUZZLE 51

여러 숫자 중에서 하나만 달라요.
어떤 숫자일까요?

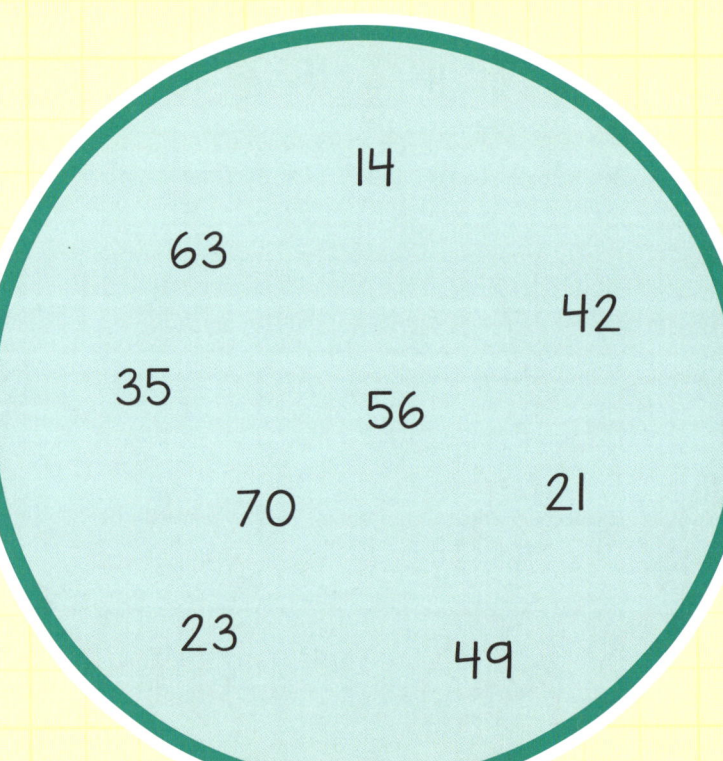

14
63
42
35
56
70 21
23
49

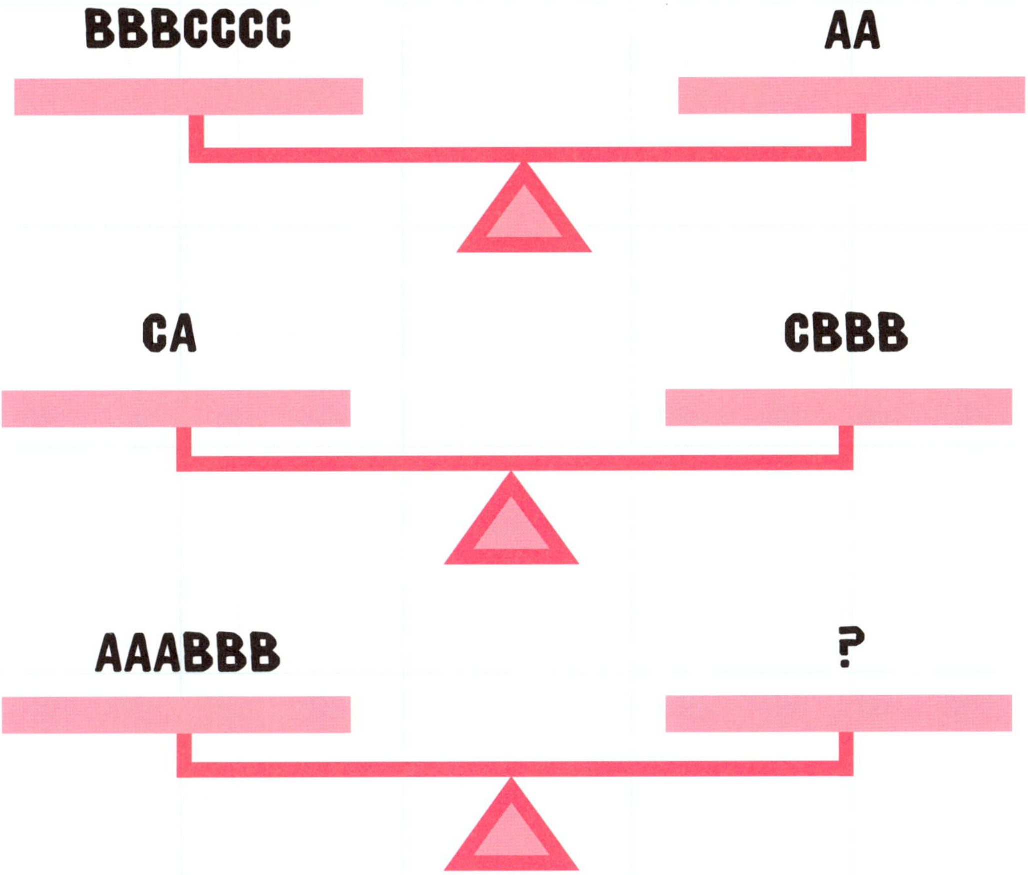

★★★★

PUZZLE 52

저울은 모두 균형을 이루고 있어요.
물음표에 들어갈 C는 몇 개일까요?

답 106쪽

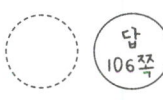

PUZZLE 53

스크루지 영감은 쓰다가 작아진 크레용 10개를
함께 녹여서 새 크레용 1개를 만들어요.
크레용을 쓰고 만드는 것을 반복할 때 작은 크레용 200개를 녹이면
모두 몇 개의 크레용을 만들 수 있을까요?

PUZZLE 54

그림에서 찾을 수 있는 정사각형은
작은 정사각형부터 큰 정사각형까지 모두 몇 개일까요?

PUZZLE 55

그림에서 찾을 수 있는 정사각형은
작은 정사각형부터 큰 정사각형까지 모두 몇 개일까요?

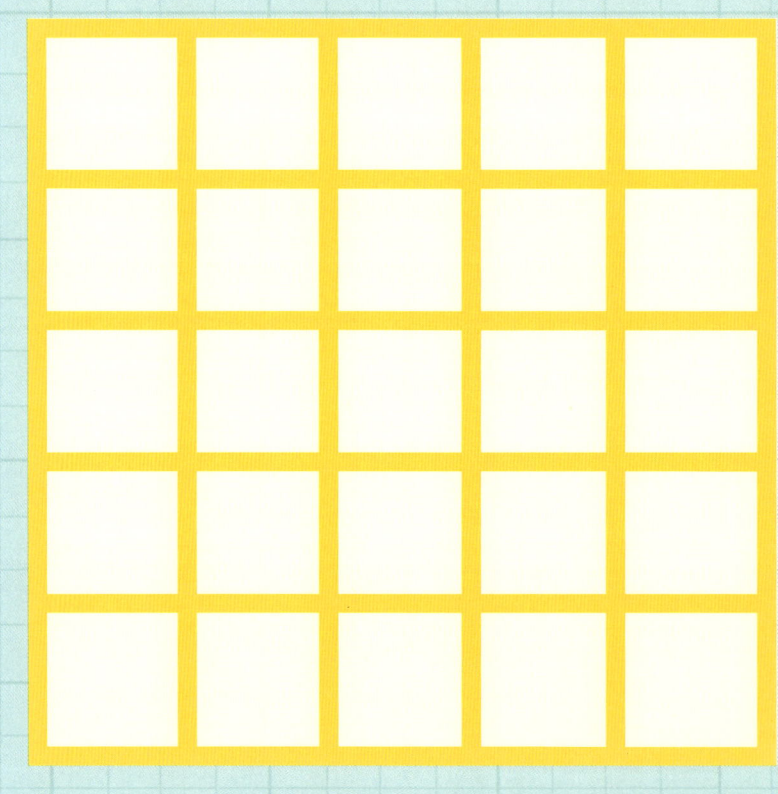

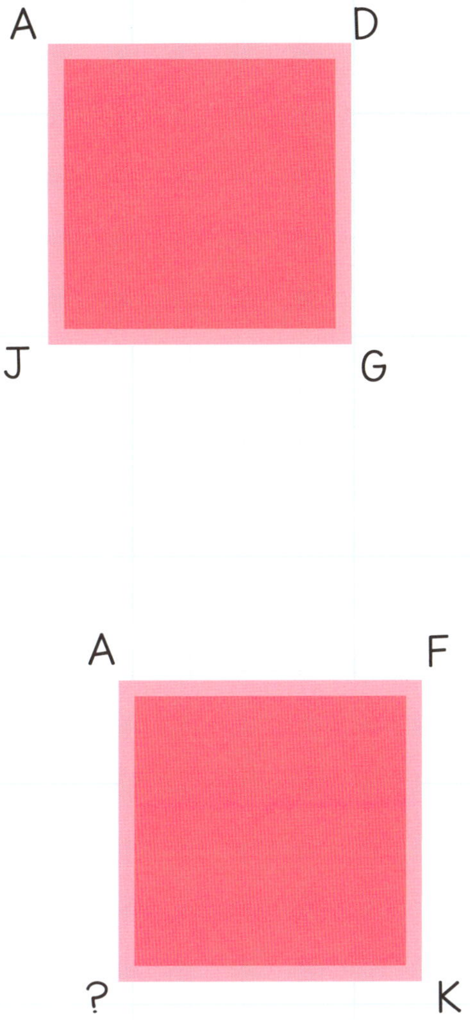

A D
J G

A E
M I

A F
? K

알파벳 순서를 떠올려 봐.
알파벳 사이에 어떤 규칙이
있는지 알 수 있어.

★★★★

PUZZLE 56

사각형마다 알파벳들이 어떤 규칙에 따라 적혀 있어요.
물음표에 들어갈 알파벳은 무엇일까요?

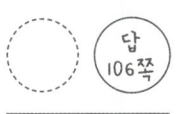

65

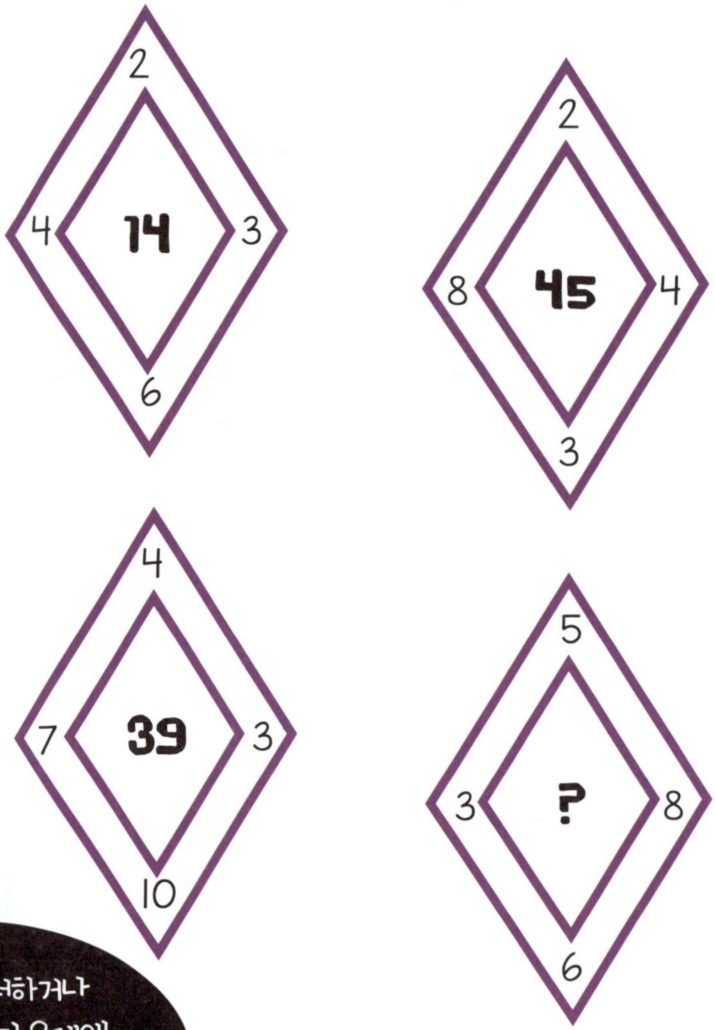

다이아몬드 1: 2, 3, 6, 4 → 14
다이아몬드 2: 2, 4, 3, 8 → 45
다이아몬드 3: 4, 3, 10, 7 → 39
다이아몬드 4: 5, 8, 6, 3 → ?

> 숫자 네 개를 더하거나 빼거나 곱해서 가운데에 적힌 숫자를 만드는 문제야.

★★★★★

PUZZLE 57

그림마다 둘레에 적힌 숫자 네 개를 정해진 순서대로 계산했을 때 가운데에 적힌 숫자가 나와야 합니다. 물음표에 들어갈 숫자는 무엇일까요?

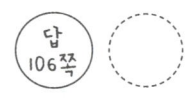
답 106쪽

PUZZLE 58

여러 칸 중에서 세 칸이 서로 같은 숫자를 가지고 있어요.
세 칸은 어디에 있을까요?

	A	B	C	D	E
1	4 7 4 8	2 2 1	1 3 8 9	1 5 9 3	7 7 1 8
2	3 1 2	8 8 8 8	4 3 2 1	3 3 4 4	2 3 9 1
3	8 2 1 4	5 6 8 7	3 9 4 5	9 9 9 9	6 7 8 7
4	5 6 6 5	2 3 3 3	7 1 8 7	5 5 6 1	1 5 2 3
5	1 7 7 8	9 8 2 1	6 7 6 7	6 4 1 5	4 4 2 2

PUZZLE 59

원마다 숫자들이 어떤 규칙에 따라 적혀 있어요.
물음표에 들어갈 숫자는 무엇일까요?

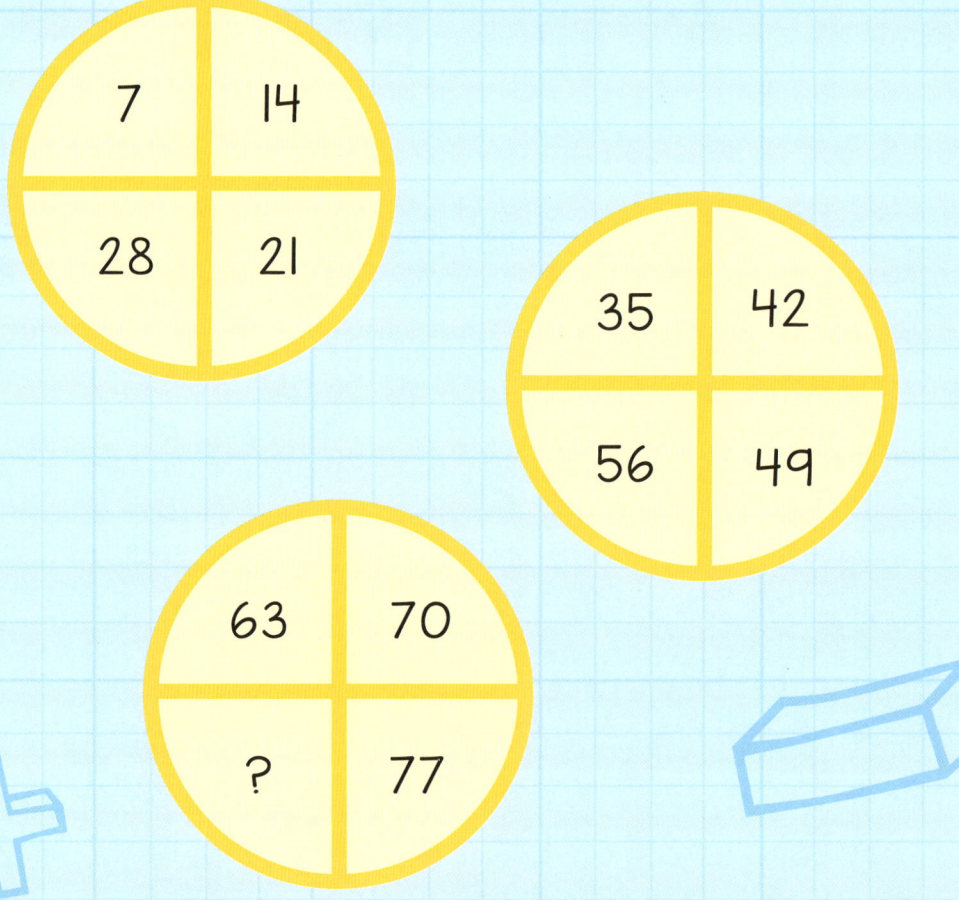

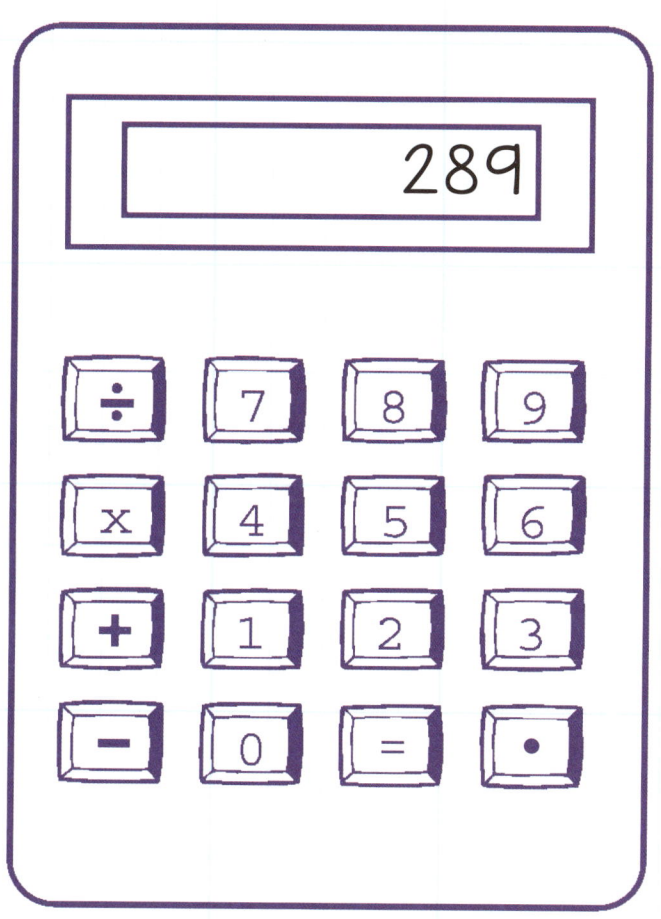

PUZZLE 60

계산기에 보이는 289를 두 자리 숫자로 나누어서 17로 만들어야 합니다. 어떤 숫자로 나누어야 할까요?

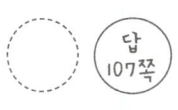

★★

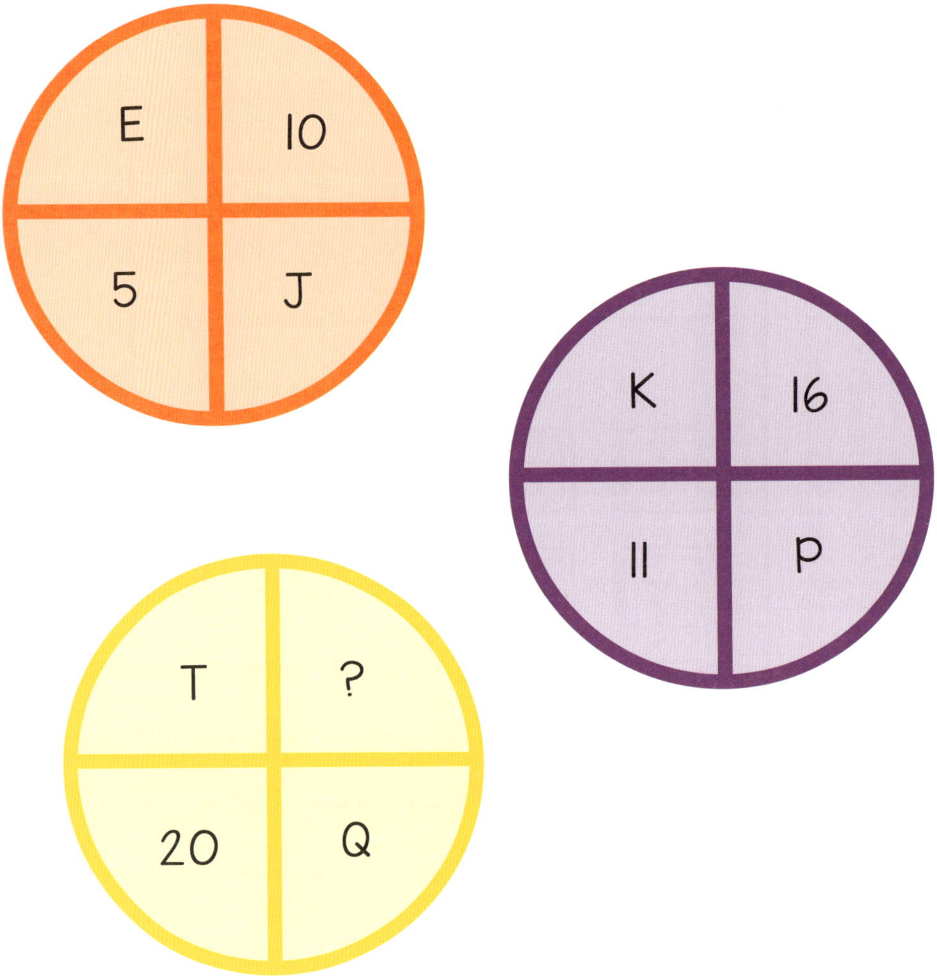

PUZZLE 61

원마다 숫자와 알파벳들이 어떤 규칙에 따라 적혀 있어요.
물음표에 들어갈 숫자는 무엇일까요?

답 107쪽

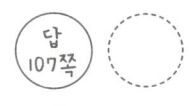

PUZZLE 62

상자 A~E 중에서 하나만 달라요. 어떤 상자일까요?

A — M / A / D

B — U / X / F

C — C / B / V

D — G / K / E

E — T / L / O

답 107쪽

PUZZLE 63

가로, 세로, 대각선으로 숫자 다섯 개를 더했을 때 25가 나와야 합니다. 빈칸을 채워 표를 완성해 보세요. 빈칸에는 숫자 두 개만 쓸 수 있어요. 물음표에 들어갈 숫자는 무엇일까요?

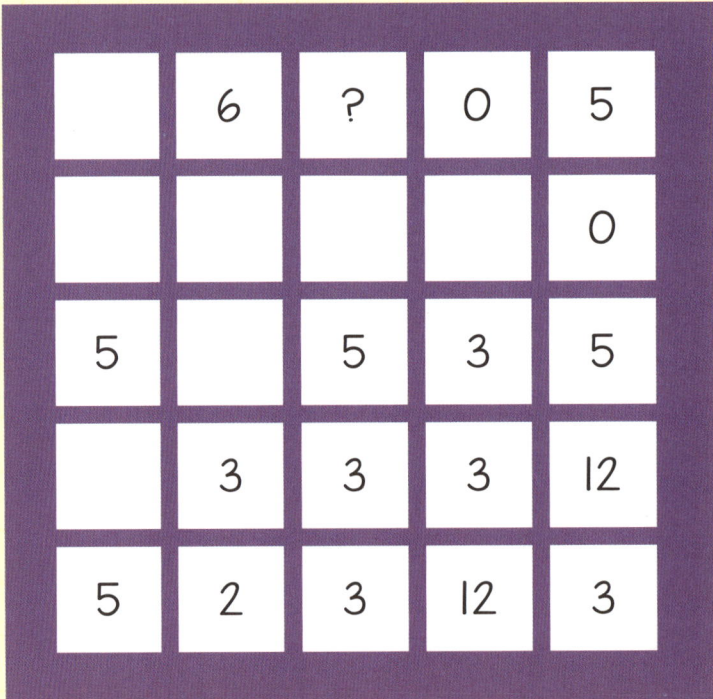

PUZZLE 64

조각들을 맞춰 보면 숫자가 될 거예요.
어떤 숫자일까요?

답 107쪽

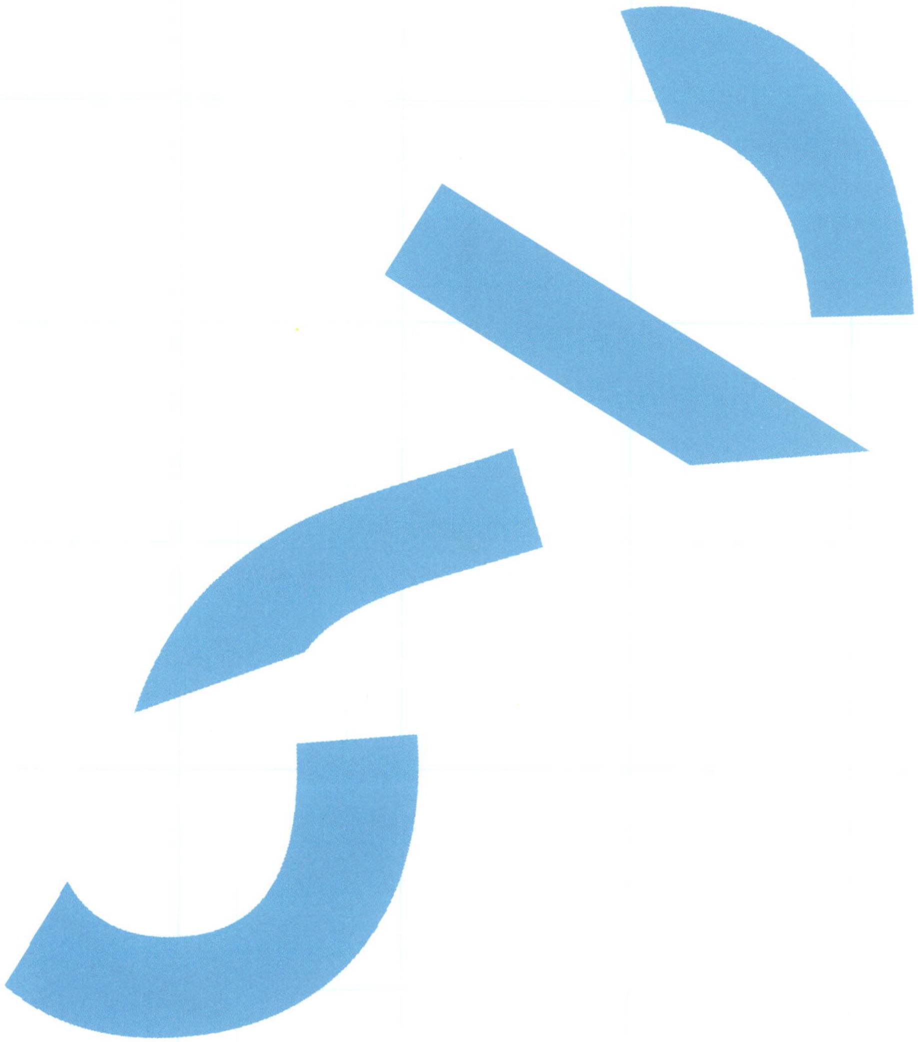

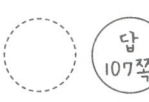

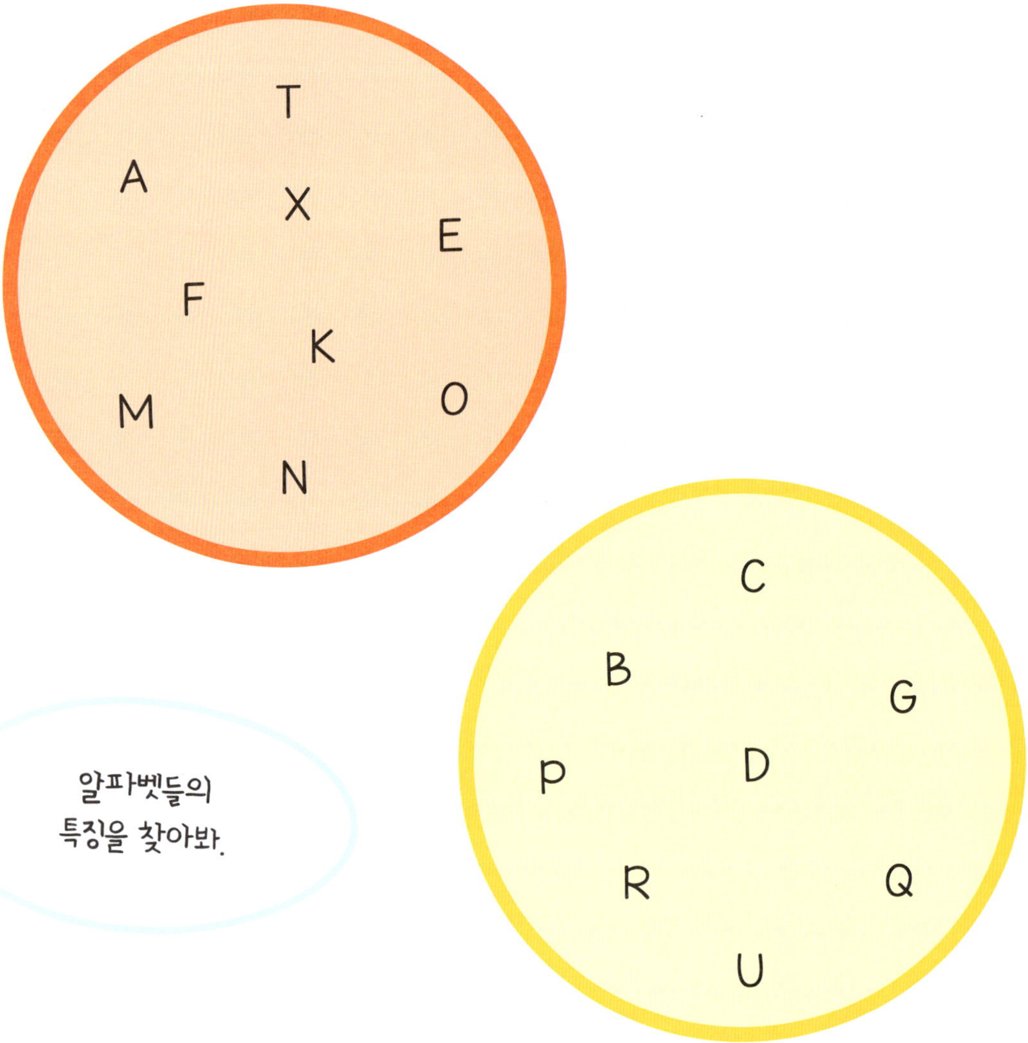

주황색 원: A T X F K M N E O

노란색 원: C B P D G R Q U

알파벳들의 특징을 찾아봐.

PUZZLE 65

노란색 원에 있어야 할 알파벳 하나가 주황색 원에 있어요!
어떤 알파벳일까요?

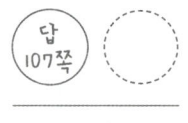

PUZZLE 66

우주선을 발사하려면 숫자 하나가 필요해요. 그 숫자에 같은 숫자를 곱했을 때 우주선에 적힌 모든 숫자를 더한 값과 같아야 합니다. 어떤 숫자가 필요할까요?

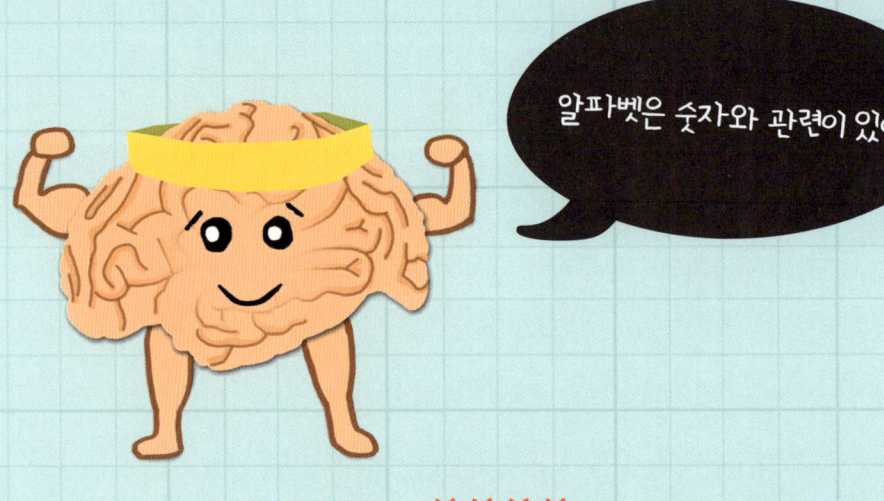

PUZZLE 67

알파벳들이 어떤 규칙에 따라 적혀 있어요. 빠진 알파벳이 하나 있네요. 물음표에 들어갈 알파벳은 P, F, R 중에서 어떤 것일까요?

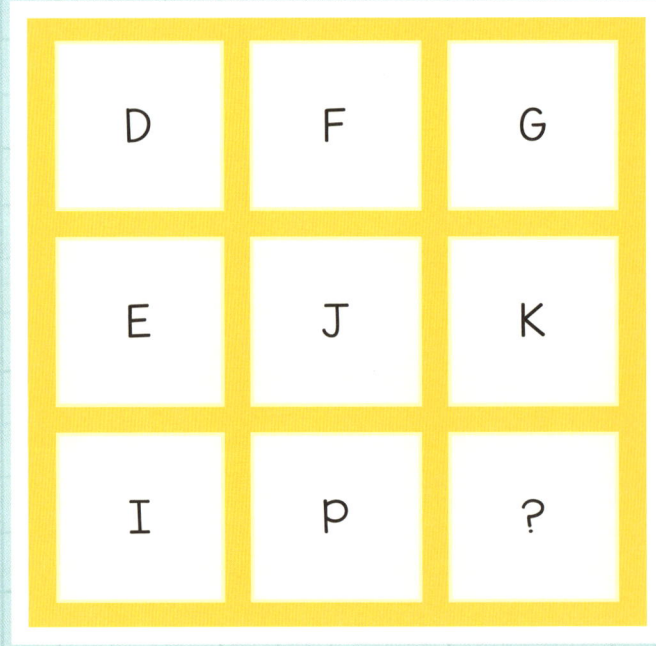

PUZZLE 68

경주용 자동차 위에 차 번호가, 아래에는 차가 경기장을 한 바퀴 도는 데 걸리는 시간이 적혀 있어요. 차 번호와 시간 사이에는 규칙이 있어요. 규칙을 따르지 않는 차가 하나 있네요. 어떤 차일까요?

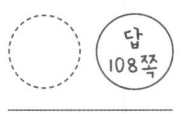

PUZZLE 69

얼굴에 뿔이 세 개나 있는 트리케라톱스예요.
트리케라톱스의 몸에 적힌 숫자 2는 모두 몇 개일까요?

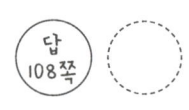

PUZZLE 70

알파벳들이 어떤 규칙에 따라 적혀 있어요.
물음표에 들어갈 알파벳은 무엇일까요?

B	G	L
C	H	M
E	O	?

알파벳은 숫자와 관련이 있어.

PUZZLE 71

삼각형마다 숫자들이 어떤 규칙에 따라 적혀 있어요.
물음표에 들어갈 숫자는 무엇일까요?

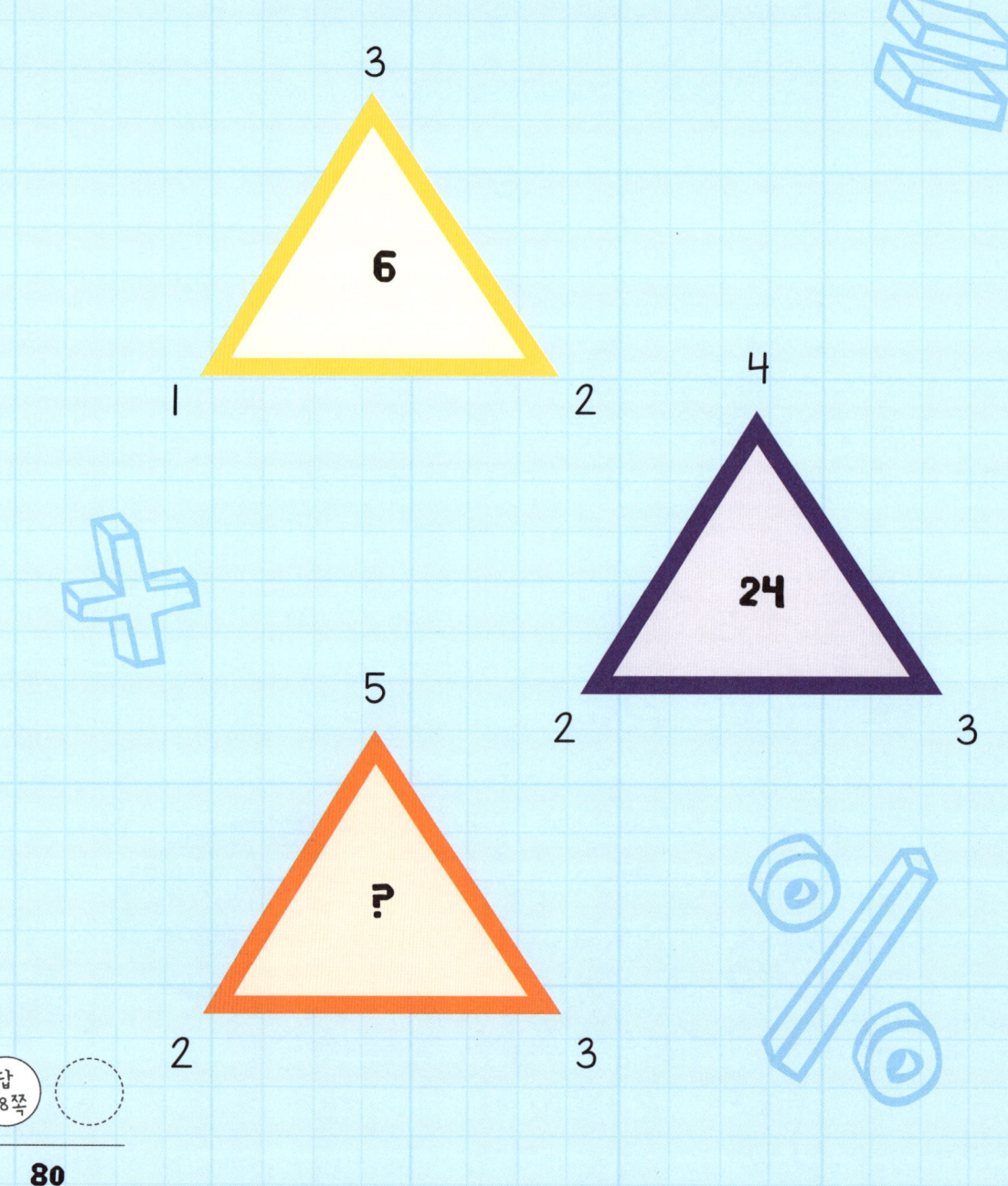

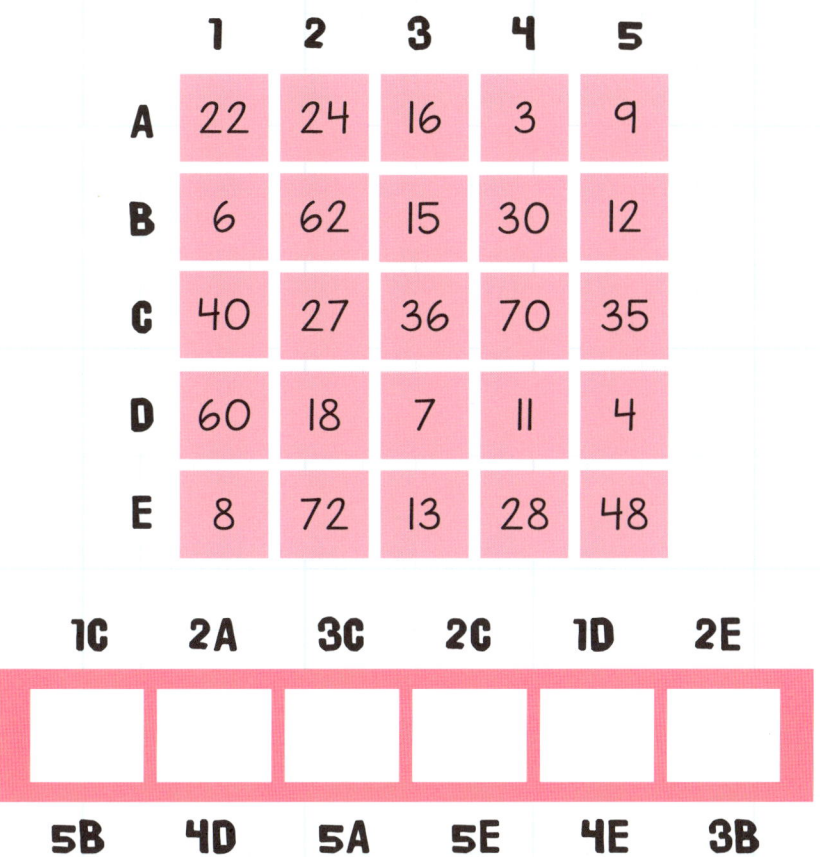

PUZZLE 72

첫 번째 그림에서 빈칸에 들어갈 숫자 여섯 개를 찾아야 해요.
빈칸의 위아래에는 빈칸에 들어갈 수 있는 숫자 두 개의 위치가
적혀 있고, 그중에서 하나를 선택해서 빈칸에 넣어야 합니다.
단, 선택한 숫자 여섯 개는 어떤 규칙을 따라야 해요.
빈칸에 들어갈 숫자 여섯 개는 무엇일까요?

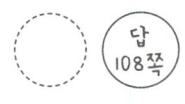

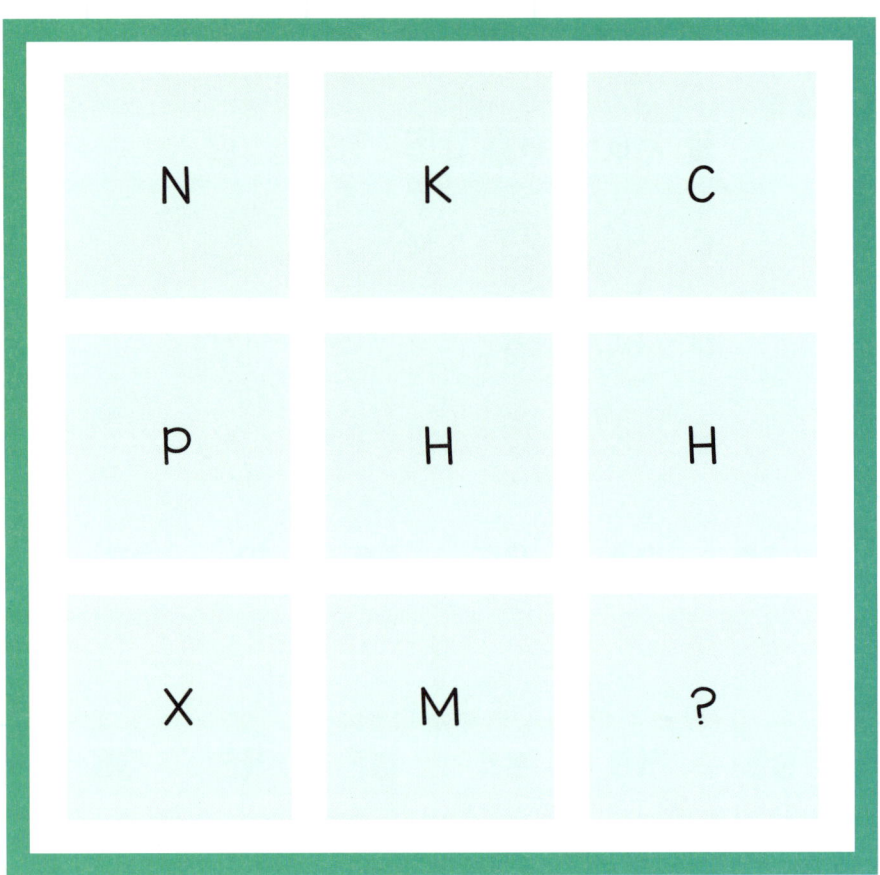

★★★★
PUZZLE 73

알파벳들이 어떤 규칙에 따라 적혀 있어요.
물음표에 들어갈 알파벳은 무엇일까요?

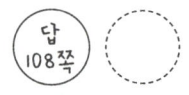

PUZZLE 74

원에 숫자들이 어떤 규칙에 따라 적혀 있어요.
물음표에 들어갈 숫자는 무엇일까요?

> 조각들은 서로 관련이 있어.

PUZZLE 75

여러 숫자 중에서 하나만 달라요.
어떤 숫자일까요?

42	15	63	6
9	81	33	21
96	16	12	48
18	60	3	90

2
?
3
2
4
9
7
6
5
11
3
1

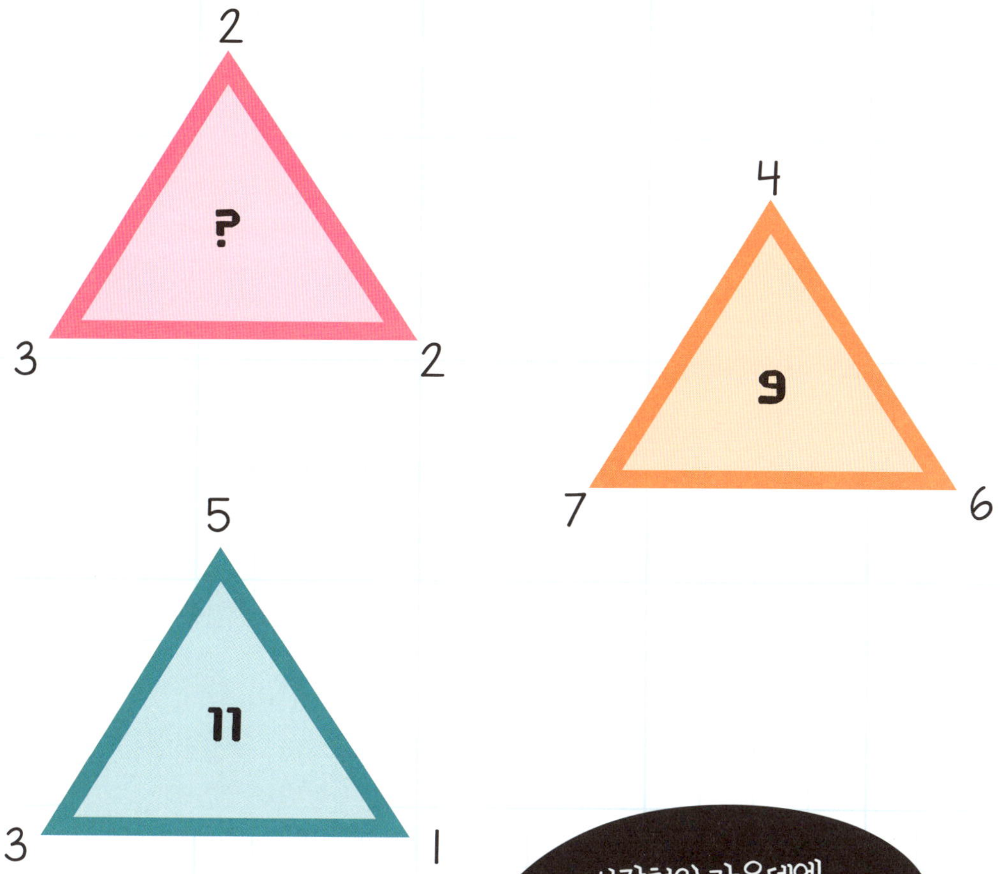

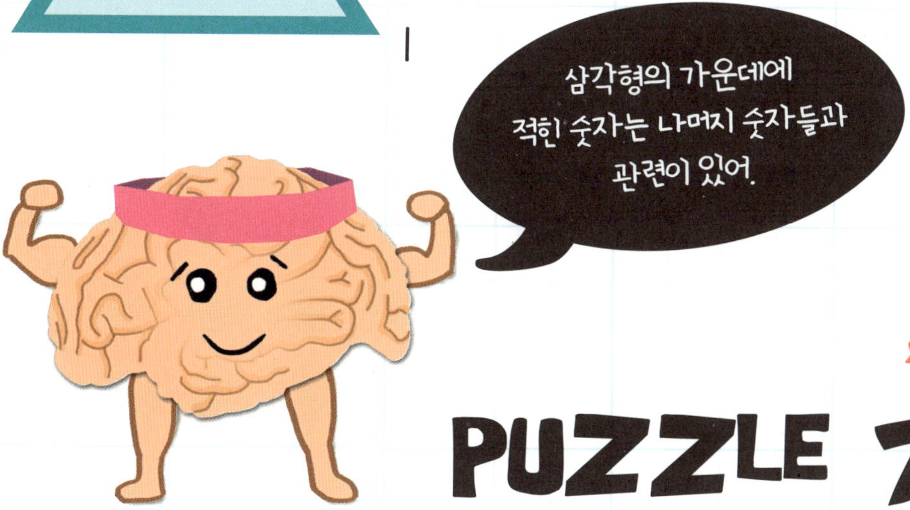

삼각형의 가운데에
적힌 숫자는 나머지 숫자들과
관련이 있어.

★★★

PUZZLE 76

삼각형마다 숫자들이 어떤 규칙에 따라 적혀 있어요.
물음표에 들어갈 숫자는 무엇일까요?

답 109쪽

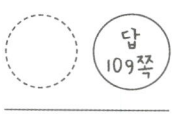

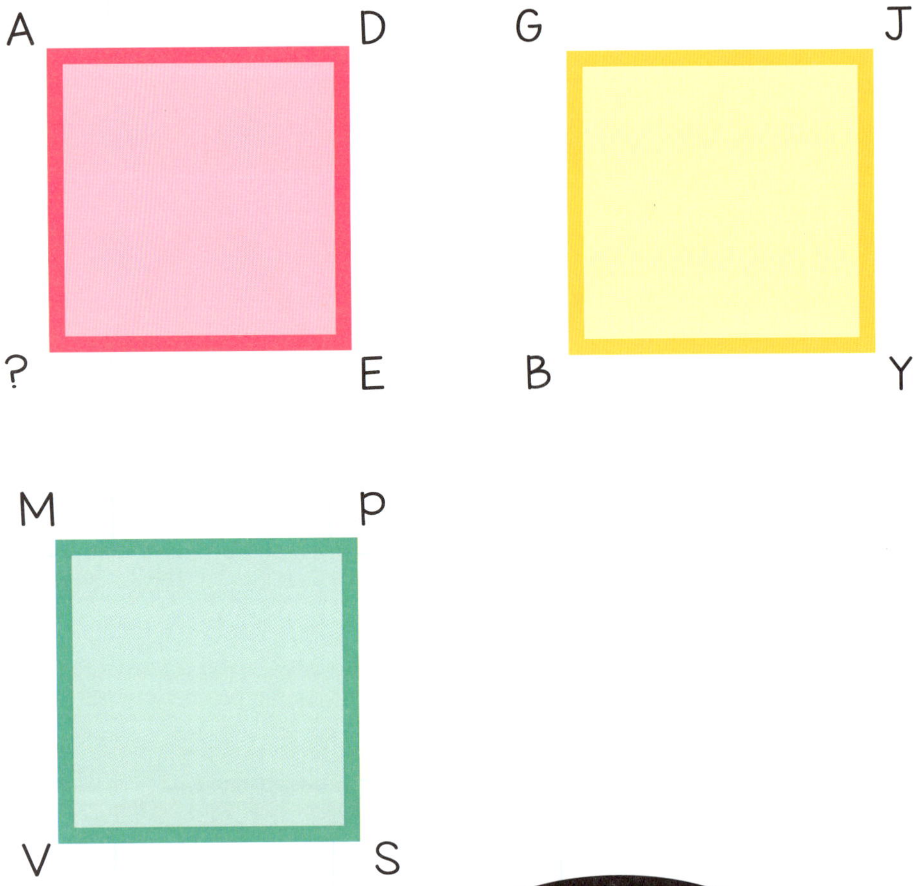

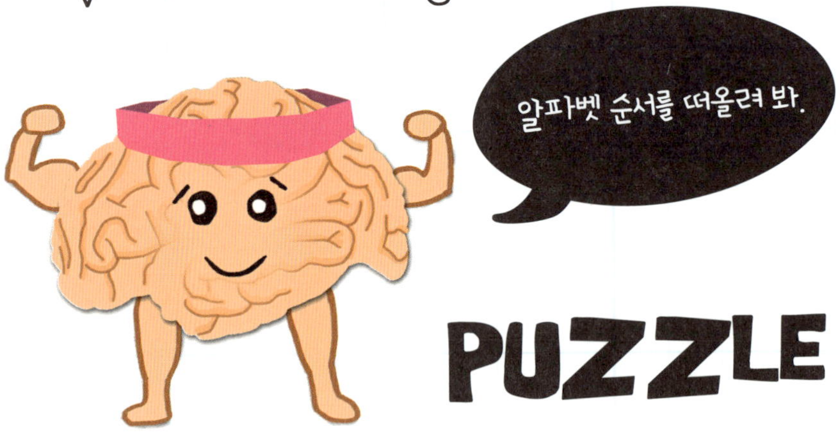

A D
? E

G J
B Y

M P
V S

알파벳 순서를 떠올려 봐.

★★★★
PUZZLE 77

사각형마다 알파벳들이 어떤 규칙에 따라 적혀 있어요.
물음표에 들어갈 알파벳은 무엇일까요?

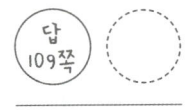

PUZZLE 78

가장 작은 숫자부터 가장 큰 숫자까지
5로 나누어떨어지는 숫자들을 연결해 보세요.
무슨 모양이 만들어지나요?

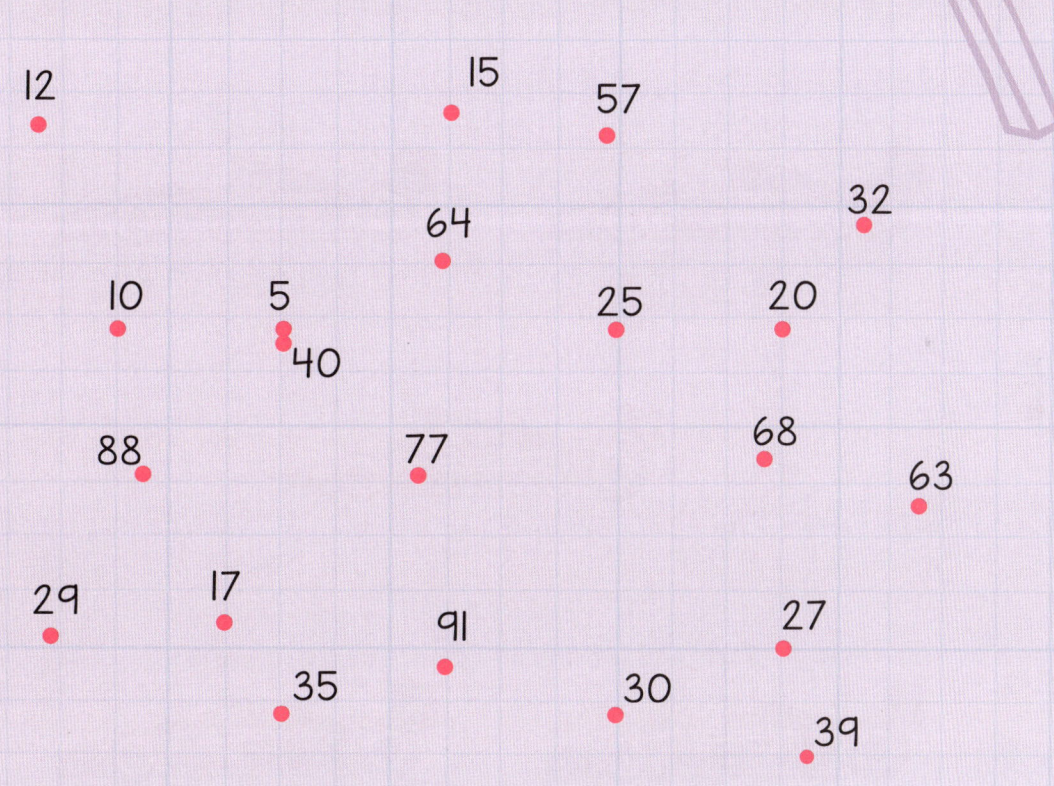

PUZZLE 79

경주용 자동차 위에 차 번호가, 아래에는 차가 경기장을 한 바퀴 도는 데 걸리는 시간이 적혀 있어요. 차 번호와 시간 사이에는 규칙이 있어요. 시간의 시, 분, 초를 더하거나 빼다 보면 알 수 있어요. 규칙을 따르지 않는 차가 하나 있네요. 어떤 차일까요?

12번

4시 35분 27초

11번

4시 26분 19초

8번

4시 36분 32초

7번

4시 9분 7초

36번

4시 53분 21초

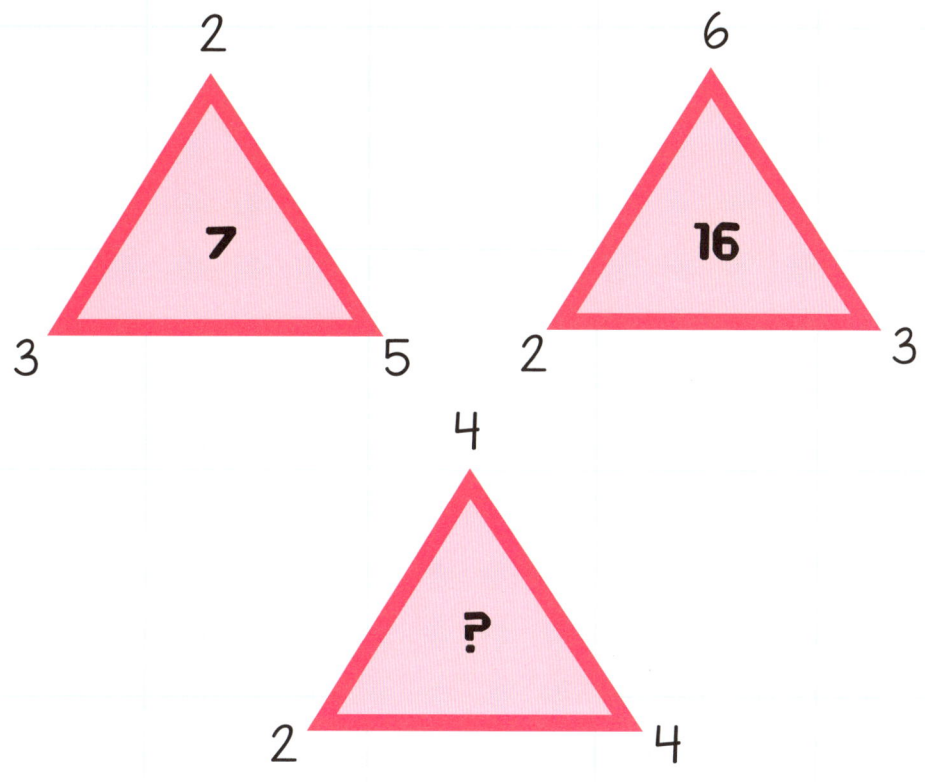

PUZZLE 80

삼각형의 가운데에 적힌 숫자와 나머지 숫자 사이에는 규칙이 있습니다. 숫자들을 곱하거나 빼다 보면 알 수 있어요. 물음표에 들어갈 숫자는 무엇일까요?

직접 상자를 만들어 봐.

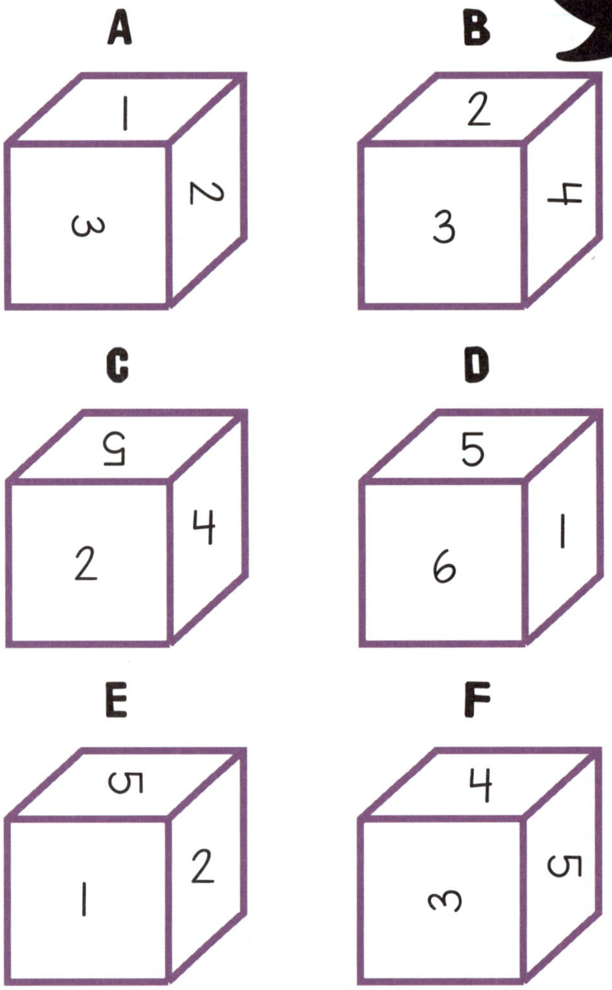

A **B**
C **D**
E **F**

★★★★
PUZZLE 81

상자 A~F 중에서 하나만 다른 상자예요. 어떤 상자일까요?

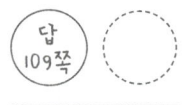

PUZZLE 82

사각형마다 알파벳들이 어떤 규칙에 따라 적혀 있어요.
물음표에 들어갈 알파벳은 무엇일까요?

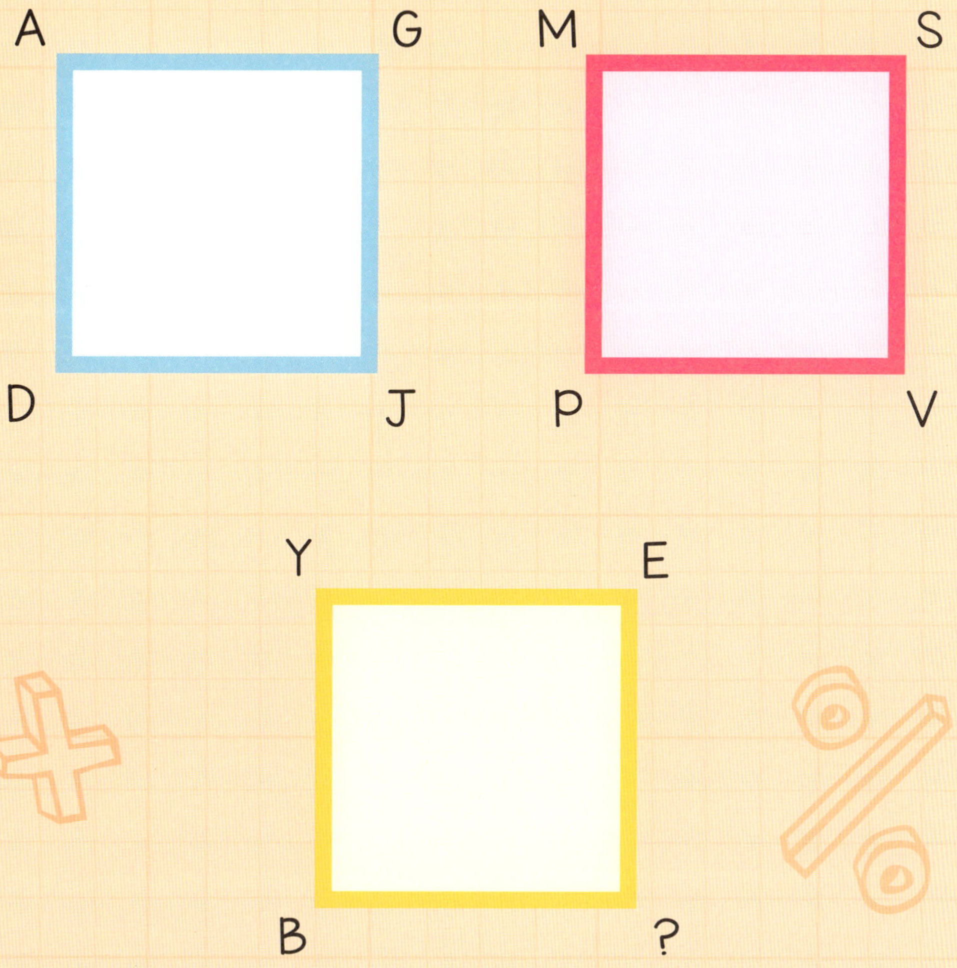

A　　　G　　　　M　　　S

D　　　J　　　　P　　　V

　　　Y　　　E

　　　B　　　?

PUZZLE 83

가로줄, 세로줄, 대각선 줄마다 1부터 5까지 숫자 다섯 개가 한 번씩 들어가야 합니다. 빈칸을 채워 표를 완성해 보세요. 물음표에 들어갈 숫자는 무엇일까요?

	2	3	4	
		5	1	
				?

세 개의 숫자가 적힌 줄의 빈칸부터 숫자를 넣어 봐.

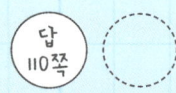

PUZZLE 84

도형마다 알파벳들이 어떤 규칙에 따라 적혀 있어요.
물음표에 들어갈 알파벳은 무엇일까요?

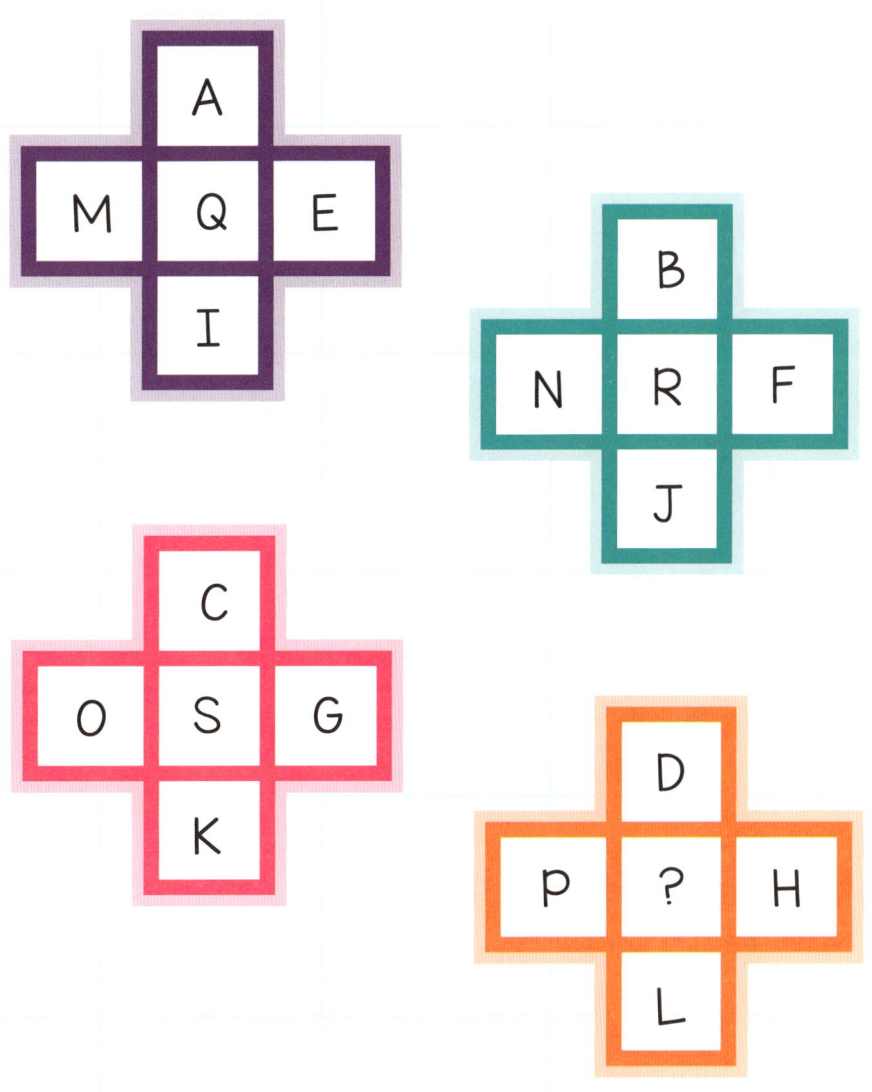

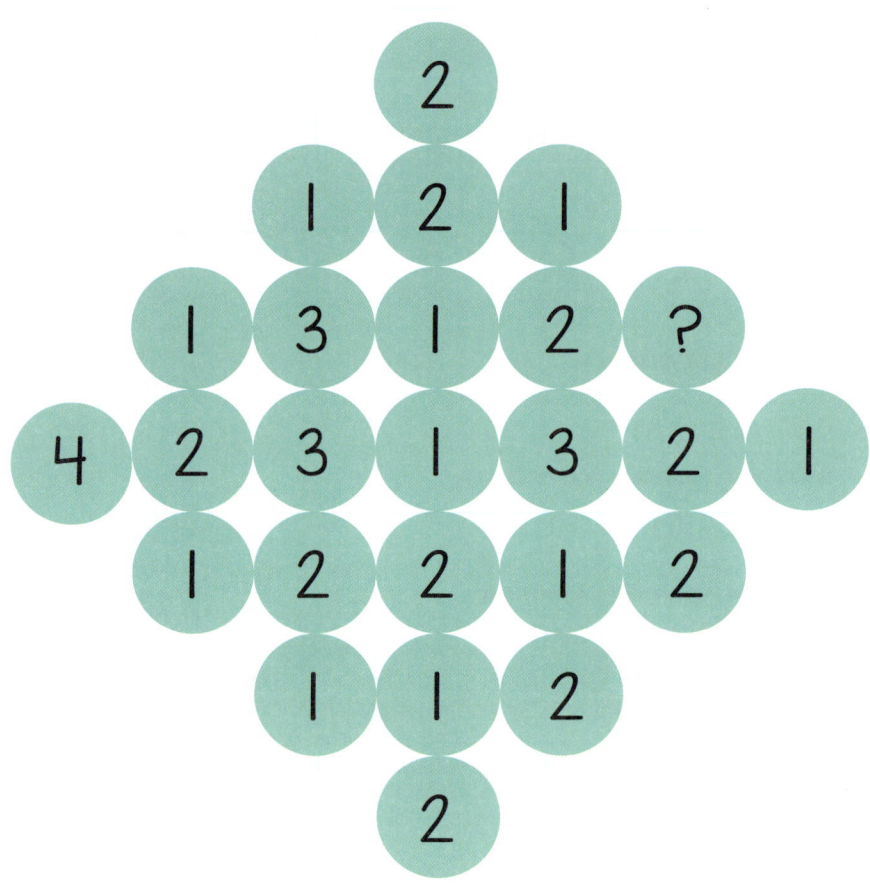

PUZZLE 85

그림에 숫자들이 어떤 규칙에 따라 적혀 있어요.
물음표에 들어갈 숫자는 무엇일까요?

PUZZLE 86

별에 적힌 숫자와 물음표에 들어갈 숫자 사이에는 규칙이 있어요.
물음표에 들어갈 숫자는 무엇일까요?

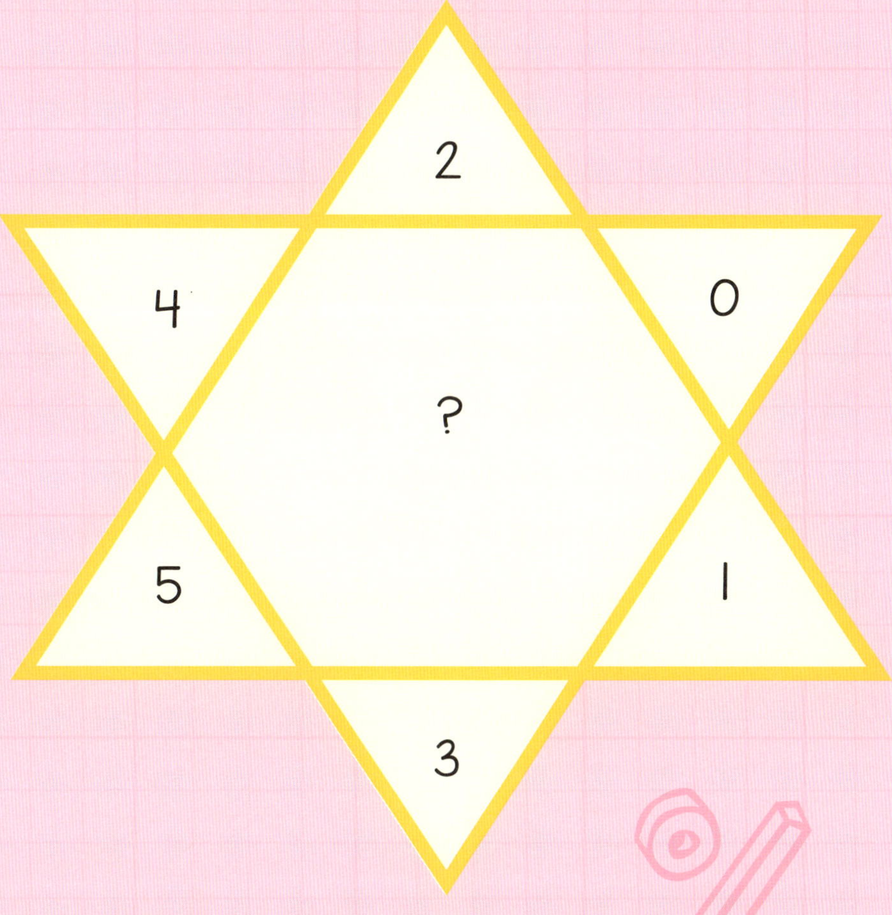

```
    2
 4     0
    ?
 5     1
    3
```

PUZZLE 87

삼각형마다 숫자들이 어떤 규칙에 따라 적혀 있어요.
물음표에 들어갈 숫자는 무엇일까요?

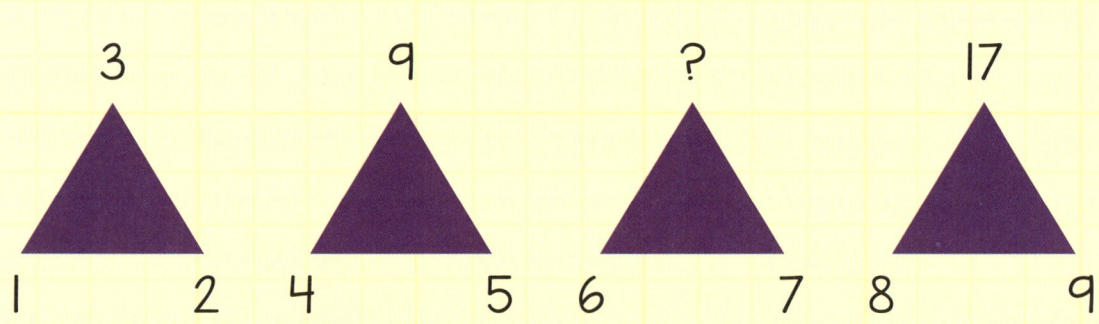

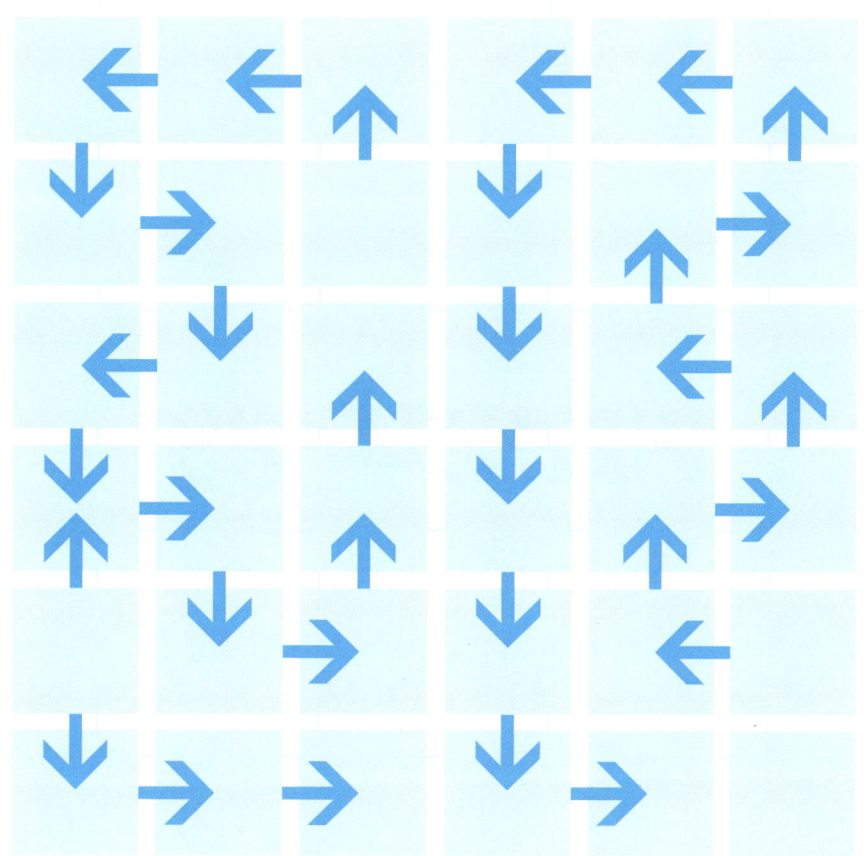

★★★
PUZZLE 88

화살표를 따라가면서 가장 긴 길을 찾아보세요.
출발은 어디서나 할 수 있습니다. 가장 긴 길은 출발점과 도착점을
포함해서 모두 몇 개의 칸을 지나갈까요?

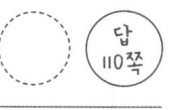

PUZZLE 89

칸에 숫자들이 어떤 규칙에 따라 적혀 있어요.
물음표에 들어갈 숫자는 무엇일까요?

| 32 | 25 | ? | 14 | 10 | 7 | 5 |

ANSWER 1

50

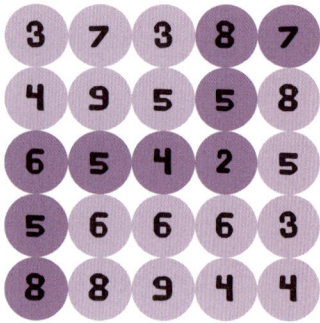

8+5+6+5+4+2+5+8+7=50

ANSWER 2

19

1을 제외한 나머지 숫자는 1과 자기 자신만으로 나누어떨어지는 숫자입니다. 예를 들어 11은 1과 11로만 나누어떨어집니다. 1, 3, 5, 7, 11, 13, 17 다음으로 같은 규칙을 가진 숫자는 19입니다.

ANSWER 3

A

얼굴에 새로운 무늬가 두 개씩 생깁니다.

ANSWER 4

4가지

왼쪽 위에 적힌 3부터 출발해서 4, 5, 4, 5를 연결하는 방법이 2가지, 왼쪽 아래에 적힌 3부터 출발해서 5, 4, 5, 4를 연결하는 방법이 2가지로 총 4가지가 있습니다.

ANSWER 5

E

선이 한 개씩 늘어납니다. 따라서 E는 오각형이 되어야 합니다.

ANSWER 6

B

B만 모자를 쓰고 있습니다.

ANSWER 7

7

숫자들은 모두 7로 나누어떨어집니다.

ANSWER 8

36

사각형에서 대각선으로 마주 보는 숫자 두 개를 곱하면 사각형마다 숫자가 두 개 나옵니다. 두 숫자를 더한 값을 가운데에 적습니다. 따라서 물음표에는 5×6=30, 2×3=6 즉 30+6=36이 들어갑니다.

ANSWER 9

9

위에 적힌 숫자 2, 3, 4를 더하면 오른쪽 칸의 숫자 9가 됩니다. 따라서 물음표에는 아래에 적힌 숫자 6, 0, 3을 더한 9가 들어갑니다.

ANSWER 10
3

한 조각의 숫자 합계는 반대쪽 조각의 숫자 합계와 같아야 합니다. 따라서 물음표가 있는 조각의 숫자 합계가 9가 되어야 하므로 물음표에는 3이 들어갑니다.

ANSWER 11
28

왼쪽 줄의 숫자는 가운데 숫자의 일의 자리, 오른쪽 줄의 숫자는 가운데 숫자의 십의 자리에 들어갑니다.

ANSWER 12
B

그림의 첫 번째 가로줄과 첫 번째 세로줄의 숫자가 4, 8, 3, 2, 6으로 같습니다. 따라서 네 번째 가로줄과 네 번째 세로줄의 숫자도 2, 7, 4, 9, 3으로, 다섯 번째 가로줄과 다섯 번째 세로줄의 숫자도 6, 9, 8, 3, 7로 같아야 합니다.

ANSWER 13

안쪽 줄에서 왼쪽에 있는 1o와 위쪽에 있는 2a 사이에 있는 1c를 먼저 눌러야 합니다.

ANSWER 14
K

곡선이 없는 알파벳들만 적혀 있습니다. 따라서 물음표에는 K가 들어갑니다.

ANSWER 15

첫 번째 저울에서 □=○○이므로 두 번째 저울에서 □□을 ○○○○으로 바꿀 수 있습니다. △=○○○ ○이므로 물음표에는 ○이 들어갑니다.

ANSWER 16
9

조각마다 적힌 숫자들의 합계가 같으려면 빈칸에 9를 적어야 합니다.

ANSWER 17
C

C를 제외한 나머지 도형은 A부터 도형이 90°씩 시계 방향으로 움직입니다.

ANSWER 18
15.55.09

1번 시계부터 시는 4시간씩 빼고, 분은 4분씩 더하고, 초는 5초씩 뺍니다.

ANSWER 19
4

숫자는 몇 개의 그림이 그 숫자를 둘러싸고 있는지 나타냅니다.

ANSWER 20
C

A, B, D에 그려진 기호 4개는 A부터 시계 방향으로 한 칸씩 이동합니다.

ANSWER 21
C

그림에 새로운 무늬가 한 개씩 생깁니다.

ANSWER 22
14살

ANSWER 23
10.45.13

1번 시계부터 시는 2시간씩, 분은 5분씩, 초는 7초씩 더합니다.

ANSWER 24
D

D를 제외한 나머지 도형의 막대기는 사각형을 잘랐을 때 삼각형을 만듭니다.

ANSWER 25
31

5, 1, 2, 1, 1, 2, 2, 4, 6, 7을 지날 때 31이 됩니다.

ANSWER 26
48

사각형 A의 6부터 시작해 사각형의 위쪽에 적힌 12, 18, 24, 30… 순서대로 이어지고, 6씩 커집니다. 사각형 D의 물음표에 도착하면 사각형의 아래쪽에 적힌 54부터 60, 66, 72… 순서대로 이어지다가 사각형 A의 96에서 끝납니다. 따라서 물음표에는 42+6=48이 들어갑니다.

ANSWER 27
C

C를 제외한 나머지 그림에 필요한 점과 선의 개수가 짝수입니다.

ANSWER 28
23가지

(8, 6, 0, 0), (8, 5, 1, 0), (8, 4, 2, 0),
(8, 4, 1, 1), (8, 3, 3, 0), (8, 3, 2, 1),
(8, 2, 2, 2), (6, 6, 2, 0), (6, 6, 1, 1),
(6, 5, 3, 0), (6, 5, 2, 1), (6, 4, 4, 0),
(6, 4, 3, 1), (6, 4, 2, 2), (6, 3, 3, 2),
(5, 5, 4, 0), (5, 5, 2, 2), (5, 5, 3, 1),
(5, 4, 4, 1), (5, 4, 3, 2), (5, 3, 3, 3),
(4, 4, 3, 3), (4, 4, 4, 2)

이렇게 총 23가지 방법이 있습니다.

ANSWER 29
14

삼각형마다 위쪽 꼭짓점에 적힌 숫자들을 더해 첫 번째 삼각형의 가운데에, 왼쪽 꼭짓점에 적힌 숫자들을 더해 두 번째 삼각형의 가운데에, 오른쪽 꼭짓점에 적힌 숫자들을 더해 마지막 삼각형의 가운데에 적습니다. 따라서 물음표에는 14가 들어갑니다.

ANSWER 30
32

조각마다 2, 3, 4의 배수가 적혀 있고, (2, 3, 4) 조각부터 (4, 6, 8), (6, 9, 12)… 순서대로 숫자가 커집니다. 따라서 물음표에는 28+4=32가 들어갑니다.

ANSWER 31
13, 17가지

8, 5, 5, 6, 5를 지날 때 29가 됩니다. 8+5+5+6+5에 보라색 원 네 개의 값인 16을 빼면 29−16=13입니다. 이 숫자가 가장 작은 숫자입니다.

ANSWER 32
G

A부터 알파벳 순서대로 알파벳 세 개를 건너뛰어 적고, 그다음 칸은 알파벳 순서의 반대 방향으로 한 개를 건너뛰어 적습니다. 이 규칙을 반복합니다.

ANSWER 33
53일

365일을 7일로 나누면 몫이 52, 나머지가 1이므로 그해의 월요일은 52일입니다. 하지만 1월 1일이 월요일이라면 마지막 날인 12월 31일도 월요일이 됩니다. 따라서 그해에는 월요일이 53일입니다.

ANSWER 34
1

가로줄마다 세로줄 A의 숫자에서 세로줄 B, C의 숫자들을 빼면 세로줄 D의 숫자가 됩니다. 따라서 물음표에는 5−1−3=1이 들어갑니다.

ANSWER 35
D

새로운 무늬가 두 개씩 생겨야 합니다.

ANSWER 36
전달할 수 없습니다.

선을 어떻게 그어도 두 개의 선이 만납니다.

ANSWER 37
30

왼쪽에서 세 번째 세로줄에서 ■+✳=13, 네 번째 세로줄에서 ▲+●=17을 알 수 있습니다. 따라서 물음표에는 ▲+●+■+✳=17+13=30이 들어갑니다.

ANSWER 38
2

원마다 적힌 숫자들의 합은 8입니다.

ANSWER 39
15개

먼저 작은 양초 48개로 새 양초 12개를 만듭니다. 12개로 다시 양초 3개를 만들면 총 15개를 만들 수 있습니다.

ANSWER 40
2V, 5V, 10V, 20V, 50V 동전 27개씩

2V × 27 = 54V, 5V × 27 = 135V,
10V × 27 = 270V, 20V × 27 = 540V,
50V × 27 = 1,350V

이렇게 해서 총 2,349V가 됩니다.

ANSWER 41
54

54를 제외한 나머지 숫자는 모두 1~9까지 같은 숫자를 두 번 곱한 값입니다.

ANSWER 42
139개

먼저 깨진 병 2797개로 새 병 93개를 만들고, 93개로 다시 병 31개를 만듭니다. 또 31개로 병 10개를 만들고, 이때 병 1개가 남습니다. 병 10개로 병 3개를 만들고, 또 병 1개가 남습니다. 또 3개로 병 1개를 만듭니다. 마지막 병 1개와 남은 병 2개를 함께 녹여 병 1개를 만들면 총 93+31+10+3+1+1=139개를 만들 수 있습니다.

ANSWER 43

+, ÷, ×

4+5÷3×8을 앞에서부터 순서대로 계산하면, 4+5=9, 9÷3=3, 3×8=24가 됩니다.

ANSWER 44

74

2를 곱하고, 3을 더하는 규칙이 반복됩니다. 따라서 물음표에는 37×2=74가 들어갑니다.

ANSWER 45

131

131을 제외한 나머지 숫자는 모두 짝수입니다.

ANSWER 46

4개

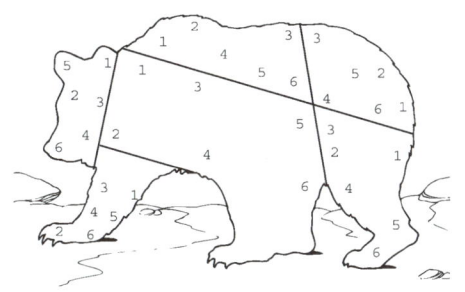

ANSWER 47

4개

먼저 작은 비누 9개로 새 비누 3개를 만듭니다. 3개로 다시 비누 1개를 만들면 총 4개를 만들 수 있습니다.

ANSWER 48

26

5와 1을 번갈아 더합니다. 따라서 물음표에는 25+1=26이 들어갑니다.

ANSWER 49

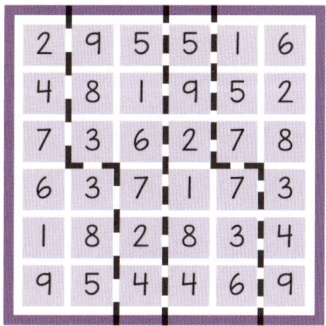

ANSWER 50

25

3과 4를 번갈아 더합니다. 따라서 물음표에는 22+3=25가 들어갑니다.

ANSWER 51

23

23을 제외한 나머지 숫자는 모두 숫자 7의 배수입니다. 7×2=14, 7×3=21, 7×5=35 등이 적혀 있습니다.

ANSWER 52

16개

두 번째 저울에서 **A=BBB**를 알 수 있고, 첫 번째 저울에서 **A=CCCC**를 알 수 있습니다. 마지막 저울의 **AAA**=12개의 **C**, **BBB=CCCC**이므로 저울이 균형을 이루려면 오른쪽에 **C**가 16개 들어가야 합니다.

ANSWER 53

22개

먼저 작은 크레용 200개로 새 크레용 20개를 만듭니다. 20개로 다시 크레용 2개를 만들면 총 22개를 만들 수 있습니다.

ANSWER 54

14개

한 칸짜리 정사각형 9개, 가로, 세로로 두 칸짜리 정사각형 4개, 세 칸짜리 정사각형 1개까지 총 14개입니다.

ANSWER 55

55개

정사각형은 한 칸짜리 25개, 가로, 세로로 두 칸짜리 16개, 세 칸짜리 9개, 네 칸짜리 4개, 다섯 칸짜리 1개까지 총 55개입니다.

ANSWER 56

P

사각형마다 알파벳 A부터 시작해 시계 방향으로 이어집니다. 첫 번째 사각형은 알파벳을 두 개씩 건너뛰어 적고, 두 번째 사각형은 알파벳을 세 개씩 건너뛰어 적습니다. 세 번째 사각형은 알파벳을 네 개씩 건너뛰어 적습니다. 물음표에는 K에서 알파벳 네 개를 건너뛴 P가 들어갑니다.

ANSWER 57

33

위쪽과 오른쪽에 적힌 숫자를 더한 다음에 왼쪽에 적힌 숫자를 곱합니다. 그 값에서 아래쪽에 적힌 숫자를 빼면 가운데에 적힌 숫자가 됩니다. 5+8=13, 13×3=39, 39−6=33이므로 물음표에는 33이 들어갑니다.

ANSWER 58
1E, 4C, 5A

세 칸에는 모두 1, 7, 7, 8이 적혀 있습니다.

ANSWER 59
84

원마다 왼쪽 위에 적힌 숫자부터 시계 방향으로 7씩 더합니다.

ANSWER 60
17

289 ÷ 17 = 17이므로 17로 나누어야 합니다.

ANSWER 61
17

알파벳의 위나 아래에는 알파벳 순서에 해당하는 숫자가 적혀 있습니다. A=1, B=2, C=3… 순서대로 이어지므로 Q의 위에는 17이 들어갑니다.

ANSWER 62
C

C를 제외한 나머지 상자에 알파벳 모음(A, E, I, O, U)이 하나씩 적혀 있어요.

ANSWER 63

7	6	7	0	5
4	7	7	7	0
5	7	5	3	5
4	3	3	3	12
5	2	3	12	3

ANSWER 64
2

ANSWER 65
O

주황색 원에는 직선으로 이루어진 알파벳이, 노란색 원에는 곡선이 포함된 알파벳이 있어야 합니다.

ANSWER 66
13

6 + 30 + 33 + 100 = 169, 13 × 13 = 169이므로 13이 필요합니다.

ANSWER 67
R

알파벳 순서에 따라 알파벳을 숫자로 바꿔줍니다. 세로줄마다 맨 위 가로줄과 두 번째 가로줄에 적힌 숫자를 더하면 맨 아래 가로줄의 숫자가 됩니다. 4(D)+5(E)=9(I), 6(F)+10(J)=16(P), 7(G)+11(K)=18이므로 물음표에는 R이 들어갑니다.

ANSWER 68
13번 자동차

시간의 분과 초의 숫자들을 더하면 차의 번호가 됩니다. 13번 차의 시간은 1분 37초이므로 1+3+7=11 즉 13번이 아니라 11번이어야 합니다.

ANSWER 69
40개

ANSWER 70
Y

알파벳 순서에 따라 알파벳을 숫자로 바꿔 줍니다. 세로줄마다 맨 위 가로줄과 두 번째 가로줄에 적힌 숫자를 더하면 맨 아래 가로줄의 숫자가 됩니다. 2(B)+3(C)=5(E), 7(G)+8(H)=15(O), 12(L)+13(M)=25이므로 물음표에는 Y가 들어갑니다.

ANSWER 71
30

삼각형마다 꼭짓점에 적힌 숫자 세 개를 곱하면 가운데에 적힌 숫자가 됩니다. 따라서 물음표에는 5×3×2=30이 들어갑니다.

ANSWER 72
12, 24, 36, 48, 60, 72

숫자가 12씩 커지는 규칙을 만들 수 있습니다.

ANSWER 73
K

알파벳 순서에 따라 알파벳을 숫자로 바꿔 줍니다. 가로줄마다 왼쪽에 적힌 숫자에서 가운데 숫자를 빼면 오른쪽에 적힌 숫자가 됩니다. 14(N)−11(K)=3(C), 16(P)−8(H)=8(H), 24(X)−13(M)=11이므로 물음표에는 K가 들어갑니다.

ANSWER 74
24

조각마다 가장자리에 적힌 숫자 두 개를 곱합니다. 그 값을 시계 방향으로 다음에 나오는 조각의 안쪽에 적습니다. 따라서 물음표에는 4×6=24가 들어갑니다.

ANSWER 75
16

16을 제외한 나머지 숫자는 모두 3으로 나누어떨어집니다.

ANSWER 76
13

삼각형마다 오른쪽 꼭짓점에 적힌 숫자들을 더해 두 번째 삼각형의 가운데에, 위쪽 꼭짓점에 적힌 숫자들을 더해 마지막 삼각형의 가운데에, 왼쪽 꼭짓점에 적힌 숫자들을 더해 첫 번째 삼각형의 가운데에 적습니다. 따라서 물음표에는 3+7+3=13이 들어갑니다.

ANSWER 77
H

분홍색 사각형의 A부터 시작해 사각형의 위쪽에 적힌 D, G, J, M, P로 이어집니다. P에 도착하면 오른쪽 아래에 적힌 S부터 시작해 V, Y, B, E, '?' 순서대로 이어집니다. 단, Z에 도착하면 A로 이어집니다. 알파벳을 두 개씩 건너뛰어 적습니다. 따라서 물음표에는 B에서 알파벳 두 개를 건너뛴 H가 들어갑니다.

ANSWER 78
위쪽 화살표 모양 ⬆

ANSWER 79
7번 자동차

시간의 시와 분을 더하고 초를 빼면 차의 번호가 됩니다. 7번 차의 시간은 4시간 9분 7초이므로 4+9-7=6 즉 7번이 아니라 6번이어야 합니다.

ANSWER 80
14

위쪽과 오른쪽에 적힌 숫자를 곱한 다음에 왼쪽에 적힌 숫자를 빼면 가운데에 적힌 숫자가 됩니다.

ANSWER 81
F

F의 오른쪽 면에 적힌 5가 6이 되어야 합니다.

ANSWER 82
H

파란색 사각형의 A부터 시작해 사각형의 위쪽에 적힌 G, M, S, Y, E로 이어집니다. E에 도착하면 파란색 사각형의 D부터 시작해 J, P, V, B, '?' 순서대로 이어집니다. 단, Z에 도착하면 A로 이어집니다. 알파벳을 다섯 개씩 건너뛰어 적습니다. 따라서 물음표에는 B에서 알파벳 다섯 개를 건너뛴 H가 들어갑니다.

ANSWER 83

1	2	3	4	5
3	4	5	1	2
5	1	2	3	4
2	3	4	5	1
4	5	1	2	3

ANSWER 84

T

도형마다 위쪽에 적힌 알파벳 A, B, C, D에서 시작해 오른쪽, 아래쪽, 왼쪽, 가운데 순서로 알파벳을 세 개씩 건너뛰어 적습니다. 따라서 물음표에는 P에서 알파벳 세 개를 건너뛴 T가 들어갑니다.

ANSWER 85

1

가로줄마다 숫자들을 더하면 2, 4, 8, 16, 8, 4, 2가 됩니다.

ANSWER 86

5

마주 보는 숫자들을 더한 값을 가운데에 적습니다.

ANSWER 87

13

삼각형의 왼쪽과 오른쪽 꼭짓점에 적힌 숫자를 더해 위쪽 꼭짓점에 적습니다.

ANSWER 88

17개

출발점 : 분홍색 칸
도착점 : 파란색 칸

ANSWER 89

19

32부터 차례대로 7, 6, 5, 4, 3, 2를 뺍니다. 32−7=25, 25−6=19, 19−5=14… 순서대로 이어집니다.

멘사코리아 Mensa Korea

주소 : 서울시 서초구 언남9길 7-11, 5층(양재동, 제마트빌딩)
전화 : 02-6341-3177
E-mail : admin@mensakorea.org

멘사 수학 놀이 3
수학 점수가 올라가요

1판 4쇄 펴낸 날 2021년 5월 25일

지은이 | British Mensa Ltd(해럴드 게일, 캐럴린 스키트, 로버트 앨런)
감　수 | 멘사코리아

펴낸이 | 박윤태
펴낸곳 | 보누스
등　록 | 2001년 8월 17일 제313-2002-179호
주　소 | 서울시 마포구 동교로12안길 31 보누스 4층
전　화 | 02-333-3114
팩　스 | 02-3143-3254
이메일 | viking@bonusbook.co.kr
블로그 | https://blog.naver.com/vikingbook

ISBN 978-89-6494-300-7 74410

바이킹은 보누스출판사의 어린이책 브랜드입니다.

• 책값은 뒤표지에 있습니다.

Mensa KiDS 멘사 어린이 시리즈

**초등학생을 위한
멘사 개념 수학 퍼즐**
존 브렘너 지음 | 멘사코리아 감수

**초등학생을 위한
멘사 수학 퍼즐**
해럴드 게일 외 지음 | 멘사코리아 감수

**초등학생을 위한
멘사 영어 단어 퍼즐**
로버트 앨런 지음 | 멘사코리아 감수

**초등학생을 위한
멘사 추리 퍼즐**
로버트 앨런 지음 | 멘사코리아 감수

  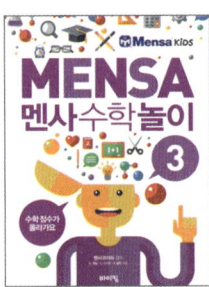 

**멘사 수학 놀이 1 :
수학이랑 친해져요**
해럴드 게일 외 지음 | 멘사코리아 감수

**멘사 수학 놀이 2 :
수학 실력이 좋아져요**
해럴드 게일 외 지음 | 멘사코리아 감수

**멘사 수학 놀이 3 :
수학 점수가 올라가요**
해럴드 게일 외 지음 | 멘사코리아 감수

**멘사 미로 찾기 :
머리가 똑똑! 집중력이 쑥쑥!**
브리티시 멘사 지음 | 멘사코리아 감수

초등학생을 위한 인도수학 시리즈

계산이 빨라지는 인도 베다수학
마키노 다케후미 지음 | 고선윤 옮김

도형이 쉬워지는 인도 베다수학
마키노 다케후미 지음 | 고선윤 옮김

암산이 빨라지는 인도 베다수학
인도수학연구회 지음 | 라니 산쿠 감수

생각이 자라는 어린이책
바이킹

블로그
blog.naver.com/vikingbook

인스타그램
@viking_kidbooks